朱子學提綱

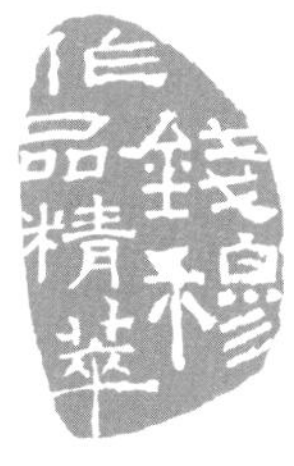

錢穆

弁言

余自民國五十三年夏，發意撰寫朱子新學案。迄於五十八年十一月，全稿告竣。因念牽涉太廣，篇幅過巨，於五十九年初夏特撰提綱一篇，撮述書中要旨，並推廣及於全部中國學術史。上自孔子，下迄清末，二千五百年中之儒學流變，旁及百家眾說之雜出，以見朱子學術承先啟後之意義價值所在。若未能讀余新學案全書，窺此一篇，亦可約略得其宗趣。若求進窺全書，亦必以此篇為嚆矢也。民國六十年雙十節國慶，新學案全書出版，因續將提綱分別單行，以便讀者。

中華民國六十年十一月錢穆識於臺北士林外雙溪之素書樓

朱子學提綱

拙著朱子新學案，分篇逾五十，全書超百萬言，恐讀者畏其繁猥，作此提綱，冠於書端，庶使進窺全書，易於尋究。

（一）

在中國歷史上，前古有孔子，近古有朱子，此兩人，皆在中國學術思想史及中國文化史上發出莫大聲光，留下莫大影響。曠觀全史，恐無第三人堪與倫比。孔子集前古學術思想之大成，開創儒學，成為中國文化傳統中一主要骨幹。北宋理學興起，乃儒學之重光。朱子崛起南宋，不僅能集北宋以來理學之大成，並亦可謂其乃集孔子以下學術思想之大成。此兩人，先後矗立，皆能匯納群流，歸之一趨。自有朱子，而後孔子以下之儒學，乃重獲新生機，發揮新精神，直迄於今。

然儒學亦僅為中國傳統文化中一主幹，除儒學外，尚有百家眾流，其崇孔尊孔，述朱闡朱者可勿論，其他百家眾流，莫不欲自闢蹊徑，另啟途轍，而孔子朱子矗立中道，乃成為其他百家眾流所共同批評之對象與共同抨擊之目標。故此兩人，實不僅為儒學傳統之中心，乃亦為中國學術思想史上正反兩面所共同集向之中心。不僅治儒學者，必先注意此兩人，即治其他百家眾流之學，亦必注意此兩人，乃能如網在綱，如裘在領。不僅正反之兼盡，亦得全體之通貫。

孔子年代，距今已遠，其成學經過，已難詳索。後之崇孔尊孔者，亦惟以高山仰止之情，發為天縱大聖之歎而止。朱子距今僅逾八百年，書籍文字可資稽考者尚多，凡朱子之所以為朱子，其成學之經過，實可案圖索驥，分年歷述。故治朱子之學，比較可以具體而詳盡，並亦有據而可證。學者潛心於此，可識儒學進修之階梯，雖不能舉一以概全，要之是典型之尚在，其所裨益，決非淺小。

孔子以來兩千五百年，述之闡之者既多，反之攻之者亦眾，事久而論定，故孔子之學，乃雖遠而益彰。朱子距今僅八百年，後人之闡發容未能盡。而反朱攻朱者，多不出於百家眾流，而轉多出於儒學之同門。蓋自有朱子，而儒學益臻光昌。自有朱子，而儒學幾成獨尊。於是於儒學中與朱子持異見者乃日起而無窮。群言淆亂，所爭益微，剖解益難。故居今日而言朱子學，尚有使人不易驟獲定論之憾。尊孔崇孔，乃朱子以後中國學術上一大趨嚮，而述朱闡朱，則尚是中國學術上一大爭議。然諍朱攻朱，其說亦全從朱子學說中來。今果於朱子原書，能悉心尋求，詳加發明，先泯門戶之見，而務以發現真相為主。逮於真相既白，則述朱闡朱之與諍朱攻朱，正反雙方，宜可得一折衷，由是乃可有漸得定論之望。此則不僅為治中國八百年來之學術思想史者一重大課題，實亦為治中國兩千年來之儒學史者一重大課題。凡屬關心中國文化大傳統中此一主要骨幹之精神所在，大旨所寄者，對於此一課題，皆當注意。作者不揣譾陋，發憤為此書，其主要意義亦在此。

（二）

今當自孔子以後迄於朱子，此一千七百年來之儒學流變，與夫百家眾說之雜出，先作一概括之敘述。

自孔子歿後，孔門諸大弟子，分散列國，相與傳揚孔子之道，其時儒學基礎已奠定。然同時反對孔子與儒學者，亦即隨而踵起。最著者有楊墨，孟子辭而闢之，廓如也。然百家眾流，亦即繼之競興，至荀子而有非十二子之篇。其所反對，不僅百家眾流，即子思孟子亦在其列。當時稱儒分為八，然惟孟荀稱大宗。

及秦人一統，始皇帝頗尚法家言。漢興，黃老道家駸盛。其時則戰國時代之百家眾流，漸趨消失，惟儒道法三家鼎峙成三，然儒家言猶尚若居道法兩家之後。至漢武帝表彰六經，罷黜百家，而儒學躋於獨盛。然此下漢儒之學，畢竟與先秦儒有區別。此種區別，大體由於雙方所處時代背景不同而引生。

戰國時代，列強紛爭，天下未定，百家競起，各欲揭其主張以為一世之蘄嚮。先秦儒為自身爭存，亦相務於樹新義，肆博辨。故其貢獻，主要在理想方面者為多。漢代統一，局面大變，當時主要論點，在為此天下求實際之治平。漢初君臣，來自田間，本身初無學術修養，然深知民間疾苦，極欲與民休息，而道家清靜無為之說，遂乘時興起。然無為而治，事不可久，抑且無為即是不治，故漢初政治，實乃一依秦舊，承續法治之軌轍。及至武帝臨朝，董仲舒對策，力言復古更化，復古乃復周之古，更化則更秦之化。周代緜歷八百年，秦則不二世而亡，此乃歷史教訓，明白彰著。此下漢儒一般意向，均重在本歷史，言治道。欲法周，則必上本之於六藝經典。當時謂六經起自周公而成於孔子之手，故曰孔子為漢制法。尊孔子，乃由於尊周治。尊周治，則必尊周公，尊六藝。故漢武帝興太學，立五經博士，專以六藝設教，而論語乃與孝經爾雅並列為小學書。爾雅乃五經之字典，而孝經論語則僅是小學教本。漢書藝文志上承劉向歆父子，分群書為七略。首六藝略，次諸子略，儒家者言居諸子略之首，曾子子思孟子荀子皆屬之。而孔子不與焉。

論語孝經爾雅則同附六藝略之後，此乃漢儒心目中之學術分野，亦可謂漢儒尊經尤重於尊儒。史漢儒林傳中序列諸儒，皆起漢初，而曾思孟荀亦不預。此乃一代之新儒，以傳經言治為業，與戰國諸儒之以明道作人為唱者，畸輕畸重之間有不同。此一區別，首當明辨。換言之，先秦儒在漢儒心目中，亦屬百家言。漢儒傳經，乃即所謂王官之學，一則主張於朝廷，一則興起於田野，其為不同，顯然可知。

漢儒固若無偉大特創之政治理想，亦若無偉大傑出之政治人物，然而定法制，垂規模，坐而言，即繼以起而行。兩漢郅治，永為後世稱羨而效法。漢儒之功，要為不可否認。

漢儒言治道，必本之於經術，而經籍之整理，事亦不易。先秦儒如孟子荀卿，雖亦時時稱引詩書，然僅止於隨所意欲而加稱引，非求於經籍有通體之發揮。秦火以後，經籍殘缺。漢儒治經之功，一則曰纂輯，再則曰訓詁，又後而有章句，始於全經逐章逐句，一一解釋。其間容多未是，又復各家之說不同，未能會歸一致。然而漢儒治經之功，亦要為不可沒。

今再綜合言之，漢儒之為功於當時者，一為治道之實績，一為傳經之專業。又復漸分兩途，一則專務治術，一則專守經業。迄於東漢季世，朝政不綱，治道日替，務於治術之儒，日失其職，而專一經業之儒，退處在野，乃大為一世所仰重。如許慎馬融鄭玄諸人，亦永為後世治經之宗師。然若謂漢儒功在傳經，而忽其言治，則終為得其一而失其一，無當於漢儒之大全。

（三）

三國兩晉時代，天下分崩，兩漢統一隆盛之世，渺不復接。時則莊老道家言乃與儒生經學代興。又值佛教東來，其先尚是道家言在上，佛家言在下。南北朝以後，則地位互易，釋家轉踞道家之上。儒家經學，雖尚不絕如縷，要之如鼎三足，惟儒家一足為最弱。

若專言儒業，自東晉五胡以下，南方儒亦與北方儒有區別。大體言之，東晉南朝雖屬偏安，其政府體制，朝廷規模，尚是承襲兩漢，大格局尚在。而釋道盛行，門第專擅，治道無可言，故其時之南方儒，只有沿襲漢儒傳經一業，抱殘守缺而止。北方自五胡雲擾，下迄北魏建統，兩漢以來之政府體制，朝廷規模，已掃地而盡。故其至要急務，厥在求治。幸而胡漢合作，政府尚知重用儒生，而北方諸儒，其所用心，言治道更重於言經術。亦可謂其時北方儒生，多半沿襲了漢儒重治績之一邊。自魏孝文變法下至西魏北周崛起，政治開新，皆出北方儒生之貢獻。

然則南北朝儒，乃是分承漢儒之兩面，而各作歧途之發展。下迄唐代開國，兩漢統一盛運再見，孔穎達奉詔撰五經正義，即承漢儒及南朝諸儒治經一業而來，此為經學成績之一大結集。而貞觀一朝言治，即就其薈粹於貞觀政要一書者而言，亦可謂多屬粹然儒家之言，此乃上承漢儒及北朝諸儒言治一業而來。此後唐代儒家，在治道實績方面，尚能持續有表現。在經學方面，則可謂自五經正義後即絕少嗣響。唐代經學之衰，實尚遠較兩晉南北朝為甚。此中亦有原因可說。

一則下至唐代，雖仍是儒釋道三足並峙，而實際上，佛教已成一枝獨秀。遠自隋代以來，已有所謂中國佛教之興起。此指天台華嚴禪三宗。而自武后以後，禪宗尤盛，幾於掩脅天下，盡歸禪門之下。士大夫尋求人生真理，奉為舉世為人之最大宗主，與夫最後歸宿者，幾乎惟禪是主。至其從事治道實績，則僅屬私人之功名，塵世之俗業。在唐代人觀念中，從事政治，實遠不如漢儒所想之崇高而偉大。漢儒一心所尊，曰周公，曰孔子，六經遠有其崇高之地位。唐代人心之所尊向，非釋迦，則禪宗諸祖師。周公孔子，轉退屬次一等，則經學又何從而獲盛。

次則唐代人之進身仕途，經學地位亦遠不如文學地位之高。欲求出身，唐代之文選學，已接代了兩漢之六藝學。唐代人無不能吟詩，但絕少能通經。在詩人中，亦可分儒釋道三派。如謂杜甫是儒家，則李白是道家，王維是釋家。依此分類，唐詩人中，惟儒家為最少。文選詩中，亦最少儒家詩。陶淵明乃是鶴立雞群，卓爾不凡。而其詩入文選者亦特少。故就唐一代言，可謂無醕儒，亦無大儒。

就唐代言儒家，則必屈指首數及韓愈，然韓愈已在唐之中葉。韓愈盡力闢佛，極尊孟子，乃是一議論儒，近似戰國先秦儒，而較遠於漢儒。韓愈又提倡古文，求以超出於文選學之外。此亦為在當時欲致力復興儒學一必然之要道。但韓愈用力雖大，收效則微。在政治上提挈韓愈為韓愈所追隨之裴度，乃唐代一賢相，然其人亦信佛。與韓愈共同提倡古文者有柳宗元，然宗元亦信佛。追隨韓愈從事古文運動者有李翺，作復性書三篇，根據中庸，重闡儒義，然其文亦復浸染於佛學。韓李身後，古文運動亦告停息，儒學復興運動，則更可不論。

故通論有唐一代，儒學最為衰微，不僅不能比兩漢，並亦不能比兩晉南北朝。其開國時代之一番儒業，乃自周隋兩代培植而來。其經學成績，亦是東漢以下迄於隋代諸儒之成績。唐初諸儒只加以一番之結集而已。唐代士大夫立身處世，所以仍不失儒家榘矱者，乃從以前門第傳統中來。遠自東漢直至唐代，大門第迭起，實尚保有儒家相傳修身治家之風範與規格。自唐中晚之際，大門第相繼崩潰，此種規格與風範，漸已不復存在。其時社會上乃只充斥著詩人與佛教信徒。佛教信徒終不免帶有出世性，詩人則終不免帶有浪漫性，於是光明燦爛盛極一時之大唐時代終不免於沒落，而且沒落到一個不可收拾的地步。五代在中國史上乃成為一段最黑暗時期。其時則真所謂天地閉，賢人隱，遠不能比東漢以下之三國兩晉。三國兩晉時代雖亂，卻有人物。從其人物群興之一方面說，三國兩晉卻差可與戰國相比。有了人，縱是亂，後面還可有希望。亂到沒有了人，人物等第遠遠地降退，此下便無希望可言。五代亦有人物，則全在禪門之下。

（四）

下及宋儒，便使人易於聯想到理學，理學則後人稱為是一種新儒學。其實理學在宋儒中亦屬後起。理學興起以前，已先有一大批宋儒，此一大批宋儒，早可稱為是新儒。在某一意義上講，理學興起以前之宋儒，已與漢儒有不同。比較上，此一大批宋儒，可稱為已具有回復到先秦儒的風氣與魄力。

宋代雖亦稱是統一時代，但宋代開國，北有遼，西有夏，並不曾有真統一。而且上承五代傳下一派黑暗衰頹氣象，因此宋代開國，絕不能和漢唐相比。漢唐諸儒，大體言之，似乎多懷有一番處在升平世的心情。宋代開國六七十年，儒運方起，當時諸儒所懷抱，似乎還脫不了一番撥亂世的心情。言外患，則遼夏並峙。言內憂，則積貧積弱，兵制財制，均待改革。而政府大體制，朝廷大規模，仍亦沿襲五代，初未有一番從頭整頓。言社會文化風教，則依然是禪宗佛學，與夫駢四儷六之文章當道得勢。宋儒處在此種形勢下，不啻四面楚歌，因此其心情極刺激，不似漢唐儒之安和。而其學術門徑，則轉極開闊，能向多方面發展，不如漢唐儒之單純。分析宋儒學術，當分幾方面加以敘述。

一是政事治平之學。宋儒多能議政，又能從大處著眼。最著者，如范仲淹之十事疏，王安石之萬言書，引起了慶曆熙寧兩番大變法。在漢唐儒中，惟漢初賈誼之陳政事疏，與夫董仲舒之天人對策，差堪媲美。惟賈董兩文，開出了漢代儒家政治之新氣運。而慶曆熙寧變法，則轉增紛擾，反而因此引起混亂局面，而北宋亦隨之以亡。此乃由環境遺傳種種因素相逼至此，不得怪范王對政事之無所見。其他諸儒，能議政，能從大處著眼，能闡中儒義，難於一一縷舉。

其次曰經史之學，此與政事治平之學相表裡。宋儒經學，與漢儒經學有不同。漢儒多尚專經講習，纂輯訓詁，著意所重，只在書本文字上。所謂通經致用，亦僅是因於政事，而牽引經義，初未能於大經大法有建樹。宋儒經學，則多能於每一經之大義上發揮。尤著者，如胡瑗蘇湖設教，分立經義治事兩齋。經義即所以治事，治事必本於經義，此亦漢儒通經致用之意，而較之漢儒，意義更明切，氣魄更宏大。神宗嘗問胡瑗高弟劉彝，胡瑗與王安石孰優。劉彝對曰：

臣師胡瑗，以道德仁義教東南諸生時，王安石方在場屋中修進士業。臣聞聖人之道，有體，有用，有文。君臣父子仁義禮樂，歷世不可變者，其體也。詩書史傳子集垂法後世者，其文也。舉而措之天下，能潤澤斯民，歸於皇極者，其用也。國家累朝取士，不以體用為本，而尚聲律浮華之詞，是以風俗偷薄。臣師當寶元明道之間，尤病其失，遂以明體達用之學授諸生，夙夜勤瘁，二十餘年，專切學校，故今學者明夫聖人體用以為政教之本，皆臣師之功，非安石比也。

此雖劉彝一人稱崇其師之辭，然即謂此種精神，乃是北宋諸儒間之共同精神，亦無不可。胡瑗則當可推為乃唱導此種精神之第一人。

論北宋諸儒之治經，如胡瑗之於易與洪範，孫復之於春秋，李覯之於周官，此等皆元氣磅礴，務大體，發新義，不規規於訓詁章句，不得復以經儒經生目之。孫復書名春秋尊王發微，李覯書名周禮致太平論，即觀其書名，亦可想見其治經意向之所在。其他如歐陽修劉敞王安石蘇軾諸人，皆研窮經術，尚兼通，而亦皆喜闢新徑，創新解，立新義，與漢儒治經風規大異，此亦北宋諸儒近似先秦儒氣味之一徵。

論及史學，尤是宋儒之擅場。如歐陽修之五代史唐史、司馬光之資治通鑑，皆其犖犖大者。其他如蘇轍之於古史，劉攽之於漢史，范祖禹之於唐史，劉恕之於上古及五代史，就一般而論，宋儒史學，顯較漢唐儒為盛。而宋儒之於史學，亦好創立議論，不專於纂輯敘述考訂而止。於著史考史外，特長論史，此亦宋代學術一新風氣之特徵。

又其次曰文章子集之學，此乃承唐韓愈之古文運動而來。遠在五代，已有僧人在寺院內教佛徒讀韓集。蓋儒學既熸，治道大壞，一世不得安，雖寺院僧人，亦不能自外。故有寺院僧人提倡攻讀韓集之事之出現，此誠大堪詫異，亦大值驚惕，而宋代學風將變，亦可據此而窺其端倪之已露，機緣之已熟。自歐陽修以下，古文大行。王安石蘇軾曾鞏尤為一代巨匠。宋詩亦與唐詩風格相異。而其時朝廷官式文章，則仍以四六為標準。雖歐陽王蘇諸人，亦皆默爾遵守，獨司馬光為翰林學士，以不能為四六辭。神宗強之曰，如兩漢制詔可也。世風之猝難驟革，即此可見。今專就文學論，漢代文學在辭賦，唐代文學在文選，皆在儒學範圍之外。惟宋儒始綰文學與儒術而一之，此亦是宋儒一大貢獻。

尤可注意者，乃北宋諸儒之多泛濫及於先秦之子部。即就儒家言，唐韓愈始提倡孟子，至宋代王安石特尊孟，奉之入孔子廟。而同時如李覯之常語，司馬光之疑孟，皆猶於孟子肆意反對。然自宋以下，始以孔孟並稱，與漢唐儒之並稱周公孔子者，大異其趣。此乃中國儒學傳統及整個學術思想史上一絕大轉變，此風雖始於韓愈，而實成於宋儒。此當大書特書為之標出。其他如徐積有荀子辯，范仲淹以中庸授張載，蘇洵閉戶讀書，當時號為通六經百家之說。及其子軾，父子為文，皆法孟子，兼參之戰國策，有縱橫家氣息。軾尤喜莊子，其弟轍則喜老子。要之北宋諸儒，眼光開放，興趣橫逸。若依漢書藝文志之學術分類，則漢儒如史漢儒林傳所舉，當多入六藝略，而宋儒則當入諸子略中之儒家者言。亦可謂漢儒乃經學之儒，而宋儒則轉回到子學之儒，故宋儒不僅有疑子，亦復有疑經。如歐陽修之疑十翼，劉恕蘇轍晁說之之疑周禮，此亦與漢儒之辨今古文爭家法者大不同。經尚當疑，更何論後儒之經說。孫復有云：

專守王弼韓康伯之說而求於大易，吾未見其能盡於大易也。專守左氏公羊穀梁杜何范氏之說而求於春秋，吾未見其能盡於春秋也。專守毛萇鄭康成之說而求於詩，吾未見其能盡於詩也，專守孔氏之說而求於書，吾未見其能盡於書也。

宋儒之意，多貴於獨尋遺經，戛戛自造一家之言，則於漢儒經說自不重視，故可謂宋儒之經學，實亦是一種子學之變相。

綜是三者，一曰政事治平之學，一曰經史博古之學，一曰文章子集之學。宋儒為學，實乃兼經史子集四部之學而并包為一。若衡量之以漢唐儒之舊繩尺，若不免於博雜。又好創新說，競標己見。然其要則歸於明儒道以尊孔，撥亂世以返治。在宋儒之間，實自有一規格，自成一風氣，固不得斥宋學於儒學之外，此則斷斷然者。故宋儒在自漢以下之儒統中，實已自成為新儒，不得謂自理學出世，始有新儒，此義必須明白標出。

（五）

此下當論宋代之理學。

北宋理學開山，有四巨擘，周敦頤濂溪、張載橫渠、程顥明道、程頤伊川兄弟。此四人，皆仕途沉淪，不居顯職。在中朝之日淺，並未在治道實績上有大表現。論其著作，濂溪分量特少，獨有易通書與太極圖說，一是短篇，一是小書，據朱子考訂，太極圖說亦當附易通書，非單獨為篇，是則濂溪著書，僅有易通書一種。橫渠有正蒙，亦如濂溪之易通書，皆是獨抒己見，自成一家言。而正蒙篇幅特為宏大，組織亦更細密。要之厝此兩家書於先秦子籍中，亦見傑出，決無遜色。竊此兩家著書意向，竟可謂其欲各成一經，或說是各成一子，回視漢唐諸經儒，猶如大鵬翔廖廓，鷃鶉處藪澤。伊川一生，僅有易傳一書，其書乃若欲與五經正義中王弼注爭席，確然仍是經學傳統，而在伊川本意，則其書非為傳經，乃為傳道。除此以外，明道伊川兄弟，皆僅有語錄傳世，由其門人弟子記錄，體製儼似禪家。二程自居為孟子以下傳統大儒，乃不避效襲禪宗之語錄體，此等大膽作風，較之濂溪橫渠之欲自造一經自成一子者，似更遠過。惟在二程語錄中，極多說經語，亦有訓詁考據，較之濂溪橫渠著書，潔淨精微，只求自發己旨，絕不見說經痕迹者又不同。故此四人中，惟二程尚差與漢唐說經儒較近，此亦特當指出。

至於史學，此四人似皆不甚厝意。謝良佐上蔡自負該博，對明道舉史書，不遺一字，明道告之曰：賢卻記得許多，可謂玩物喪志。上蔡聞之，汗流浹背。上蔡又錄五經語作一冊，明道見之，亦謂其玩物喪志。然上蔡又曰：看明道讀史，亦逐項看過，不差一字。今二程語錄中亦時見其論史，而濂溪橫渠書中則頗少見。可知濂溪橫渠明道伊川四人，確然已是一種新學風，與以前北宋儒風又有大不同，惟明道伊川尚猶稍近，不如周張之甚。

若論文章之學，亦惟明道伊川兩人尚有文集傳世。據直齋書錄解題，濂溪亦有文集七卷，然皆不傳，傳者僅愛蓮說等小文數篇。橫渠於文章之學若更少厝懷。惟其所為西銘，乃懸為此下理學家中最大文字，明道稱之曰：某得此意，無此筆力。又曰：自孟子後蓋未見此書。要之此四人，皆不甚重文章。濂溪通書有曰：文所以載道，輪轅飾而人弗庸，徒飾也，況虛車乎？第以文藝為能，藝而已矣。明道亦言，學者先學文，鮮有能至道。如博觀泛濫，亦自為害。伊川亦曰：今之學者歧而為三，能文者謂之文士，談經者謂之講師，惟知道者乃儒學。又曰：以博聞強記巧文麗辭為工，榮華其言，鮮有至於道者。蓋此四人之為學，經籍固所究心，子部亦頗涉及，惟亦志不在此。至於文史之學，似更淡遠，而於文章為尤甚。

上舉宋儒學術三途，一曰政事治道，一曰經史博古，一曰文章子集，會諸途而並進，同異趨於一歸，是為北宋諸儒之學風。及理學家出而其風丕變。其轉變精微處，固是僅可心知其意，不當強指曲說。然就外面事象言之，一則濂溪以下四人皆於仕途未達，故言治道政事者較少。橫渠與范巽之書有曰：朝廷以道學政術為二事，此正自古之可憂者。王安石變法，明道橫渠皆被擯，其專明道學，即所以爭政術，此一也。又此四人既不在中朝，迹近隱淪，雖二程較顯，然此四人交游聲氣皆不廣，故其學特於反己自得有深詣。黃魯直山谷稱濂溪曰：

> 茂叔人品甚高，胸懷灑落，如光風霽月。好讀書，雅意林壑，初不為人窘束。廉於取名，而銳於求志。陋於希世，而尚友千古。

山谷乃文章之士，而此稱道濂溪者，後之理學家莫不認其為是知德之言，善乎形容有道氣象。其廉於取名，陋於希世之四語，實道出濂溪當時之際遇與操心。張栻南軒亦謂濂溪之學舉世不知。

然則濂溪學之在當時，縱謂乃是一種隱士之學，亦無不可。

橫渠有詩上堯夫先生兼寄伯淳正叔云：

先生高臥洛城中，洛邑簪纓幸所同。顧我七年清渭上，並遊無侶又春風。

汴京為當時政治中心，洛邑則為當時人物中心。邵雍康節與二程同住洛邑，其交遊應接，上之視濂溪，同時視橫渠，皆較為廣泛與熱鬧。在北宋理學四巨擘中，二程學風較與濂溪橫渠不同，似亦不能謂與其交遊應接間更無若干之關係。而當時理學之傳，濂溪身後最闃寂，橫渠門庭亦清淡，惟伊洛厥傳最大，亦可證其中之消息。

以上乃從外貌上指出北宋理學家與其先宋儒學術不同。故北宋諸儒實已為自漢以下儒統中之新儒，而北宋之理學家，則尤當目為新儒中之新儒。今再進一步指出理學家之所以為學與其所謂為學者究何在。理學家在當時，自稱其學曰道學，又稱理學，亦可稱曰性道之學或性理之學，又可稱為心性義理之學。政事治道、經史博古、文章子集之學比較皆在外，皆可向外求之，而心性義理之學，則一本之於內，惟當向內求，不當向外求。昔漢儒以讖緯之學為內學，後人又以佛學為內學。然則於宋學中，是否亦可稱理學為內學，似亦無妨，然在理學家中則決不認此稱。

今人又謂宋代理學淵源實自方外，所謂方外，即指道釋兩家言。然當時理學家主要宗旨正在辨老釋。唐韓愈著原道篇，亦為辨老釋，惟辨之不精，老釋之言流衍如故。北宋諸儒，只重在闡孔子，揚儒學，比較似置老釋於一旁，認為昌於此則息於彼。歐陽修本論可為其代表。其言曰：

佛法為中國患千餘歲，千歲之患徧於天下，豈一人一日之可為。民之沉酣，入於骨髓，非口舌之可勝。然則將奈何？曰：莫若修其本以勝之。

凡政事治平，經史博古，文章子集之學，皆所以修其本。然亦有於此三途之學皆有深造，而終不免於逃禪之歸，如王安石蘇軾其著者。其他宋儒中信佛者，更不勝縷舉。理學家之主要對象與其重大用意，則正在於闢禪闢佛，餘鋒及於老氏道家。亦可謂北宋諸儒乃外於釋老而求發揚孔子之大道與儒學之正統。理學諸儒則在針對釋老而求發揚孔子之大道與儒學之正統。明得此一分辨，乃能進而略述理學家之所以為學，與其所謂為學之所在，亦即理學家之用心與其貢獻之所在。

濂溪太極圖，或謂傳自陳摶，此層即朱子亦不否認。又有謂其與胡宿在潤州同師鶴林寺僧壽涯，而傳其易書。黃宗羲闢之曰：使其學而果是，則陳摶壽涯亦周子之老聃萇宏。使其學而果非，即日取二氏而諄諄然辯之，則范縝之神滅，傅奕之昌言，無與乎聖學之明晦。顧憲成謂元公不闢佛，高攀龍則曰：元公之書，字字與佛相反，即謂之字字闢佛可也。當時亦有謂濂溪初與東林總遊，久之無所入。總教之靜坐，月餘忽有得，呈詩云云。要之濂溪學之所從來，今已無可深求，壽涯東林總之傳說，其事皆可出偽造，然亦不待力辨。惟高黃所言，可謂的當。就其書而論其學，始為最可信。濂溪自言志伊尹之所志，學顏子之所學，此其自道所志所學，豈不與胡瑗范仲淹等先起諸儒相近。此乃北宋儒學一大體趨嚮。惟外王之學，則似前勝於後，內聖之學，則似後勝於前，如此而已。

伊川為其兄作明道先生行狀，謂：

> 先生之學，自十五六時，聞汝南周茂叔論道，遂厭科舉之業，概然有求道之志。未知其要，泛濫於諸家，出入於老釋者幾十年，返求諸六經而後得之。辨異端似是之非，開百代未明之惑，秦漢而下，未有臻斯理也。

又曰：

> 自孟子沒而聖學不傳，以興起斯文為己任。其言曰：道之不明，異端害之也。昔之害近而易知，今之害深而難辨。昔之惑人也，乘其迷暗。今之入人也，因其高明。自謂之窮神知化，而不足以開物成務。言為無不周徧，實則外於倫理。

此曰泛濫諸家，出入老釋，雖濂溪之學無可詳言，當亦如此。即北宋前輩諸儒，雖多不染佛學，然其泛濫諸家，殆亦同然。惟曰如是者幾十年，乃始返求諸六經，則不僅北宋諸儒無此先例，恐濂溪亦復不然。胡瑗治易，孫復治春秋，此乃宋儒研經開先兩大宗。范仲淹先天下之憂而憂，後天下之樂而樂，感論國事時至泣下，其學當特重治道政事，而時稱其泛通六經，尤長於易。則宋儒在先本近漢儒之通經致用。惟自歐陽修以下，則其學又似多從唐韓愈入。故特重文章，旁及子史，於經學則皆尚兼通，不務專修。濂溪似專務於研玩易書，轉近先輩，要之決無先則泛濫出入於諸家與釋老，繼乃反求諸六經之事。不僅北宋諸儒不如此，即濂溪似亦不如此，甚至明道宜亦不如此。伊川之言，一則謂明道之學，其先雖由濂溪之啟迪，最後則歸於一己之自得。再則謂其學雖一本諸六經，實亦泛濫出入於百家與釋老。先則兼通旁求，後則歸於一本。如是參之，始為近實。若拘泥字句以求，轉恐不得明道為學之真相，亦將不得伊川立言之真意。

再進一層求之，濂溪雖闡明正學，而無直斥異端之語。明道始排斥老釋，而目之曰異端。又多兩面對勘之辭。不入虎穴，焉得虎子，明道蓋於老釋異端，用心特深，故能針對老釋而發揚孔子之大道與儒學之正統，其事端待明道而始著。又其推尊孟子，而自居為獲得聖學不傳之祕，此則亦是承襲韓愈，而一面又承自濂溪尋孔顏樂處之教。故其學一本心源，與文章博覽之學，終屬異趣。

伊川之學，與明道大同。觀其在太學所為顏子所好何學論，可見其亦受啟迪於濂溪令二人尋孔顏樂處之教。然伊川平生，不甚言濂溪，其言濂溪必曰茂叔，於胡瑗獨稱安定先生。蓋胡瑗在太學主講時命此題，伊川親在弟子之列，胡瑗得伊川文而大奇之，處以學職。而伊川惟一著書為易傳，安定濂溪，固皆治易，似亦不無影響。

或又謂明道不廢觀釋老書，與學者言，有時偶舉佛語，伊川一切屏除，雖莊列亦不看。朱子辨之云：釋老書後來須看，不看無緣知他道理。然則明道伊川兩人，性氣寬嚴固別，意量宏密亦異。縱朱子謂伊川後來亦須看釋老書；然其融通釋老，則必不能如明道之高渾。明道嘗言：異日能使人尊嚴師道者，吾弟也。若接引後學，隨人才而成就之，則予不得讓焉。此不惟見兩人為人之有異，亦見兩人為學之有異。

橫渠少喜談兵，慨然以功名自許。年十八，上書謁范仲淹，仲淹責之曰：儒者何事於兵，手中庸一編授焉。遂翻然志於道，求諸釋老，反之六經。是橫渠亦探討釋老，而又能得其深旨。及至京師，擁臯比講易，赴聽者甚眾。晤二程，乃橫渠外兄弟之子，與語厭服。遂輟講，告來聽者曰：二程深明易道，可往師之。其學以易為宗，以中庸為的，以禮為體，以孔孟為極。所著書有正蒙、橫渠理窟，及易說十卷，又西銘東銘兩篇。易說今不傳，二程尤推崇其西銘，謂自孟子後未見此書。每以大學西銘開示來學。伊川又曰：某接人治經論道者亦甚多。肯言及治體者，誠未有如子厚。然則橫渠之學，能言性理，能言經術，能言治體，能深入釋老而闢之，其規模極壯闊，然其學之傳不廣，遠不能與二程伊洛相比。

然則在北宋理學中，若無二程，僅有濂溪橫渠，恐將不獲有廣大之傳，而理學之名，亦恐不得成立。故言理學者，每以二程為宗。

以上略述孔子以下儒學傳統與其流變既迄，此下當述及朱子。

（六）

首當先述朱子之集理學之大成。

理學在北宋，惟伊洛程門有其傳。及至南宋，所謂理學傳宗，同時亦即是伊洛傳宗。朱子亦從此傳統來。但至朱子，乃始推尊濂溪，奉為理學開山，確認濂溪之學乃二程所自出。

呂希哲原明嘗謂二程初從濂溪遊，後青出於藍。原明親受業於伊川之門下。其孫本中居仁亦曰：二程始從茂叔，後更自光大。居仁又曾從遊於楊時龜山游酢定夫尹焞和靖之門，三人皆程門弟子。然則謂二程學不從濂溪出，必乃程氏之門自言之。二程既只稱濂溪為茂叔，未有先生之呼，而游定夫乃稱周茂叔窮禪客，此五字並見於程氏遺書卷六。濂溪太極圖，二程生平絕未提及。在南宋之世，正式主張濂溪啟程氏兄弟以不傳之妙，一回萬古之光明者，為湖湘學者胡宏五峰。朱子繼起，亦謂二程於濂溪，非若孔子之於老聃郯子萇弘。然同時汪應辰即貽書爭辨。故朱子又曰：大抵近世諸公，知濂溪甚淺。即濂溪二子，亦失其家學之傳。朱子始為太極圖說與通書作解，濂溪著作，一一加以整理發明。又為稽考其生平，雖小節不遺，使後世重知濂溪其人之始末，與其學之蘊奧者，惟朱子之功。至其確定周程傳統，雖發於五峰，亦成於朱子。

朱子又極盛推橫渠。二程於橫渠，固甚重其西銘，然明道嘗謂有有德之言，有造道之言，謂西銘則僅是造道之言。伊川答橫渠書，謂吾叔之見，以大概氣象言之，則有苦心極力之象，而無寬裕溫和之氣，非明睿所照，而考索至此。故意屢偏而言多窒，小出入時有之。此則尤指其正蒙言。朱子則謂橫渠心統性情之說，二程無一語似此切。又云：伊川說神化等，不似橫渠較說得分明。又曰：橫渠說工夫處，更精切似二程。此亦皆指正蒙言。朱子又為橫渠西銘與濂溪太極圖同作義解，並謂近見儒者多議此兩書之失，或乃未嘗通其文義而妄肆詆訶。當知此等詆訶，亦出理學門中。當時理學界，知重二程，不知重周張。陸九淵象山之兄九韶梭山，亦與朱子辨西銘，象山繼之，後與朱子辨太極。即朱子至友呂祖謙東萊，亦於朱子之言太極西銘者不能無疑。張栻南軒亦時持異議。朱子於慶元六年庚申三月辛酉，改大學誠意章，越後三日，即為朱子易簀之日，此事盡人知之。然在前兩夕己未，為諸生說太極圖。前一夕庚申，為諸生說西銘。可見此兩書朱子奉以終身，其諄諄之意，大可想見。後人言北宋理學，必兼舉周張二程，然此事之論定，實由朱子。

朱子於北宋理學，不僅滙通周張二程四家，使之會歸合一。又擴大其範圍，及於邵雍堯夫，司馬光君實兩人，特作六先生畫像贊，以康節涑水與周張二程並舉齊尊。二程與康節同居洛邑，過從甚密。康節長於數學，然二程於此頗忽視。明道嘗曰：堯夫欲傳數學於某兄弟，某兄弟那得工夫。或問康節之數於伊川，伊川答曰：某與堯夫同里巷居三十餘年，世間事無所不問，惟未嘗一字及數。康節以數學格物，一日雷起，謂伊川曰：子知雷起處乎？伊川曰：某知之，堯夫不知也。康節愕然，曰：何謂也？曰：既知之，安用數推。以其不知，故待推而知。康節問：子以為何處起？曰：起於起處。朱子則於康節數學特所欣賞。康節又以數學研史，楊龜山有曰：皇極之書，皆孔子所未言，然其論古今治亂成敗之變，若合符節，恨未得其門而入。朱子尤特欣賞康節之史學。康節疾革，伊川問從此永訣，更有見告乎？康節舉兩手示之，曰：面前路徑須令寬。路窄則自無著身處，況能使人行。此不僅論立身處世，亦當可以推論學術。朱子為伊洛淵源錄，康節不與，乃認康節與伊洛異趨。然以康節列六先生之一，此在理學傳統內，殆亦有路徑令寬之意。

涑水特長史學，著資治通鑑，朱子作綱目繼之，其意蓋欲以史學擴大理學之範圍。涑水特與康節相善，然未嘗及其先天學。涑水亦治易，而不喜康節先天之說。顧朱子於康節之先天學又特所推重。故朱子雖為理學大宗師，其名字與濂溪橫渠明道伊川並重，後人稱為濂洛關閩，然朱子之理學疆境，實較北宋四家遠為開闊，稱之為集北宋理學之大成，朱子決無媿色。

其次當論朱子集宋學之大成。此乃指理學興起以前北宋諸儒之學言。上分北宋儒學為三項，一政事治道之學，一經史博古之學，一文章子集之學。朱子自筮仕以至屬纊，五十年間，歷事四朝，然仕於外者僅九考，立於朝者僅四十日。洪氏年譜謂天將以先生紹往聖之統，覺來世之迷，故嗇之於彼，而厚之於此。然朱子於政事治道之學，可謂於理學界中最特出。試觀其壬午、庚子、戊申諸封事，議論光明正大，指陳確切著實，體用兼備，理事互盡，厝諸北宋諸儒乃及古今名賢大奏議中，斷當在第一流之列。又其在州郡之行政實績，如在南康軍之救荒，在漳州之正經界，雖其事有成有敗，然其精心果為，與夫強立不反之風，歷代名疆吏施政，其可讚佩，亦不過如此。又朱子注意史學，於歷代人物賢奸，制度得失，事為利病，治亂關鍵，莫不探討精密，瞭如指掌。尤其於北宋熙寧變法，新舊黨爭，能平心評判，抉摘幽微，既不蹈道學家之義理空言，亦不陷於當時名士賢大夫之意氣積習。以朱子之學養，果獲大用，則漢唐名相政績，宜非難致。朱子祭張南軒文謂：兄喬木之故家，而我衡茅之賤士。兄高明而宏博，我狷狹而迂滯。故我嘗謂兄宜以是而行之當時，兄亦謂我盍以是而傳之來裔。此固朱子遜讓之辭，亦見朱子抱負所重在此。然論兩人政事治道之學，朱子所成就決不下於南軒。此其一。

經學實不為理學諸儒所重視，雖亦時有說經之言，乃借之自申己意，多無當於經文之本旨。朱子博覽群經，衡評北宋諸儒與二程橫渠之說，往往右彼抑此。於歐陽王蘇諸人極多稱重，而程張轉多貶辭。亦可謂程張乃以理學說經，而北宋諸儒則以經學說經。若分經學理學為兩途，則朱子之理學，固承襲程張，而其經學，則繼踵北宋諸儒。能綰經學理學為一途，則端賴有朱子。

史學更非理學家所重。朱子史學，則不僅接迹溫公，時且軼出其前。同時至友東萊，精治史學，其後流衍為浙東功利一派，大為朱子所非。蓋朱子亦欲求理學史學之一貫，史學正可以開廣理學之門庭。其違離理學而獨立，則亦不為朱子所許。

至於文學，更為理學家所鄙視。惟朱子獨精妙文辭。自謂其學文章，乃由慕效曾鞏為入門。就理學言，雖韓愈柳宗元，皆致糾彈。專就文學言，即如蘇軾，其學術思想，朱子嘗備極排拒，獨於其文章，則推為大家，亦盛加稱譽。尤其朱子之於詩，乃欲超宋越唐，上追選體。以舊風格表新意境，又另是一種舊瓶裝新酒。北宋理學家能詩者惟邵康節。然朱子特重康節之數學與史學，乃不重其詩。此其襟懷之開闊，識解之平允，古今實少其匹。

至於子集之學，濂溪只稱顏子。二程以孟子為限斷。雖曰泛濫於百家，實於百家不見有廣博之追尋。北宋諸儒，乃從韓愈之言而益加推衍，於西漢舉出董仲舒與揚雄，於隋舉王通，於唐舉韓愈，以為儒家道統在是。朱子於董揚王韓四人皆多評騭，尤於王通中說，辨其偽而存其正，闡其駁而抉其失，非淺淺用心者所能及。於董仲舒，則只取明其道不計其功，正其誼不求其利兩語。於揚韓，則尤貶抑為多。即於孟子，亦有微辭，謂其不如顏子。所以為此分別者，因顏子能明得四代禮樂，有此本領，可見於治道講究有素。孟子說得粗疏，只說五畝之宅樹之以桑，如其禮樂，以俟君子，未見得做得與做不得，只說著教人歡喜。又曰：孟子自擔負不淺，不知怎生做。此等分辨，乃發理學家所未發。

其論理學興起。則曰：

亦有其漸。自范文正以來，已有好議論。如山東有孫明復，徂徠有石守道，湖州有胡安定。到後來，遂有周子程子張子出。故程子平生，不敢忘此數公，依舊尊他。

又曰：

亦是時世漸好，故此等人出，有魯一變氣象。其後遂有二先生出。

伊川稱明道之卒，當時同以為孟子之後，傳聖人之道者，一人而已。推朱子之意，似未必於伊川之言完全首肯。厥後黃震東發傳朱子之學，於此一端，特再提出。全謝山宋元學案，首胡安定，次孫泰山，次范高平，亦以此三人為首，乃見宋學理學之一貫相承，亦明標其意為一本於朱子。

老釋之學，理學家同所申斥。朱子於莊老兩家頗多發揮，亦不全加廢棄。其於釋氏，尤其於禪宗，則特有精辨。於理學家中，朱子闢禪之語最多。後代理學家所辨儒釋疆界，其說幾全本於朱子。

以上略述朱子集宋學理學之大成者，大致具是。此下當進而述及朱子集漢唐儒大成之所在。漢唐儒之學，主要在經，亦可謂其時則儒學即經學。宋儒之學不專在經，文史百家之業與經學並盛，故可謂至宋儒，乃成為一種新儒學，經學僅占其一部分。抑且漢唐儒經學之成績，主要在章句注疏，宋儒經學，不拘拘在此，重要在創新義，發新論，亦可謂宋儒經學乃是一種新經學。朱子治經，承襲北宋諸儒，而其創新義，發新論，較又過之。然朱子亦甚重漢唐經學之傳統。

朱子極重視注疏，其早年為論語訓蒙口義，即曰：

> 本之注疏以通其訓詁，參之釋文以正其音讀，然後會之於諸老先生之說，以發其精微。

此則自始即以會通漢唐經學於當時新興理學家言為幟志。直至其最後論孟集注中庸章句成書，此一幟志終亦不變。朱子又曰：

> 祖宗以來，學者但守注疏，其後便論道，如二蘇直是要論道，但注疏如何棄得。

理學家風氣，正在要論道，朱子將論道與解經分開，最為明通之見。不僅以此矯北宋諸儒之病，更要乃在矯當時理學家之病。

朱子於漢唐儒最重鄭玄，曾曰：康成也可謂大儒，考禮名數大有功。人只是讀書不多，今人所疑，古人都有說了。只是不曾讀得鄭康成注。其弟子問禮記古注外無以加否，曰鄭注自好，看注看疏自可了。又曰：

> 近看中庸古注，極有好處。擺脫傳注，須是兩程先生方始開得這口。若後學未到此地位，便承虛接響，容易呵叱，恐屬僭越，不可不戒。

又論中庸至誠無息一段，謂諸儒說多不明，只是古注好。

> 鄭氏說有如是廣博，如是深厚，章句中雖是用他意，然當初只欲辭簡，反不似他說得分曉。

朱子之於鄭氏，其推尊如是。其解中庸至誠不息一段，盡棄當時理學家言，單采鄭說，可謂是隻眼孤明，迴出尋常。晚年修禮書，有曰：近看得周禮儀禮一過，注疏現成，卻覺不甚費力。又屢告其及門同預纂校之役者必注意注疏，奉為根據。

朱子重鄭玄外亦重馬融，並亦推重其他諸家。有曰：

> 東漢諸儒煞好，盧植也好。

又曰：

> 後漢鄭玄與王肅之學，互相詆訾，王肅固多非是，然亦有考援得好處。

又曰：

> 禮記有王肅注煞好。

雖專反鄭玄如王肅，朱子亦有推許，此與後世之專一尊鄭媚鄭者，意趣亦復大異。

然朱子於古注，亦非一味推尊。嘗曰：

> 趙岐孟子，拙而不明。王弼周易，巧而不明。

又曰：

> 古來人解書，只有一箇韋昭無理會。

又曰：

> 五經中周禮疏最好，詩與禮記次之。書易疏亂道。易疏只是將王輔嗣注來虛說一片。

朱子論經學，既重注疏，亦重專家與師說。嘗曰：

> 聖賢之言，有淵奧爾雅，不可以臆斷。其制度名物，行事本末，又非今日見聞所能及。故治經者必因先儒已成之說而推之。漢之諸儒，所以專門名家，各守師說，而不敢輕有變焉。但其守之太拘，不能精思明辨以求真是，則為病耳。然以此之故，當時風氣終是淳厚。近年以來，習俗苟偷，學無宗主。注經者不復讀其經之本文，與夫先儒之傳註，以意扭捏，妄作主張。今欲正之，莫若討論諸經之說，各立家法，而皆以注疏為主。

然朱子意中所謂家法，亦不專限於漢儒。又曰：

> 易則兼取胡瑗石介歐陽修王安石邵雍程頤張載呂大臨楊時。書則兼取劉敞王安石蘇軾程頤楊時晁說之葉夢得吳棫薛季宣呂祖謙。詩則兼取歐陽修蘇軾程頤張載王安石呂大臨楊時呂祖謙。周禮則劉敞王安石楊時。儀禮則劉敞。二戴禮記則劉敞程頤張載呂大臨。春秋則啖助趙正陸淳孫明復劉敞程頤胡安國。

是朱子於經學，雖主以漢唐古注疏為主，亦采及北宋諸儒，又采及理學家言，並又采及南宋與朱子同時之人。其意實欲融貫古今，匯納群流，採擷英華，釀製新實。此其氣魄之偉大，局度之寬宏，在儒學傳統中，惟鄭玄差堪在伯仲之列。惟兩人時代不同，朱子又後鄭玄一千年，學術思想之遞衍，積愈厚而變益新。朱子不僅欲創造出一番新經學，實欲發展出一番新理學。經學與理學相結合，又增之以百家文史之學。至其直接先秦，以孟子學庸羽翼孔門論語之傳，而使當時儒學達於理想的新巔峰，其事尤非漢唐以迄北宋諸儒之所及。故謂朱子乃是孔子以下集儒學之大成，其言決非過誇而逾量。

今就朱子所舉宋代經學名家，其中理學家，僅伊川橫渠兩人，而濂溪明道皆不列。程張以下，僅列楊時呂大臨，其他理學家亦不得與。可見當時理學家之於經學，在朱子意中，實多淺嘗，非能深涉。厥後顧炎武謂經學即理學，捨經學安所得理學哉，此言亦恐不為朱子所首肯。而當時理學家謂二程直得孟子不傳之祕，於漢唐以下經學，擱置一旁，不加理會，斯亦決非朱子所同意。

朱子又不僅於經學如此，嘗謂：

> 莊老二書解注者甚多，竟無一人說得他本義出，只據他臆說。某若拈出便別，只是不欲得。

此乃朱子之自信語。亦是朱子確曾下過工夫，故能有此自信。可見朱子於各家說莊老者，亦曾博觀縱覽，乃欲以解經方法來解子，解莊老二書，運用純客觀方法，以求發得莊老二書之本義與真相。惟因精力不敷，興趣不屬，乃置而不為。其實朱子之解濂溪太極圖說與通書，以及橫渠之西銘，其所運用之方法，亦是一種解經方法。朱子至友如張南軒，亦謂朱子句句而解，字字而求，不無差失。蓋當時理學界風氣，讀書只貴通大義，乃繼起立新說，新說愈興起，傳統愈脫落。此風在北宋諸儒已所不免，而理學家尤甚。即南軒亦仍在此風氣中。惟朱子，一面固最能創新義，一面又最能守傳統。其為注解，無論古今人書，皆務為句句而解，字字而求，此正是漢儒傳經章句訓詁工夫，只求發明書中之本義與真相，不容絲毫臆見測說之參雜。此正是經學上傳統工夫。明得前人本意，與發揮自己新意，事不相妨。故經學之與理學，貴在相濟，不在獨申。合則兩美，分則兩損。朱子學之著精神處正在此。

以上略述孔子以下迄於朱子儒學傳統之流變，及朱子之所以為集儒學之大成者，大體竟。下當轉述朱子本人學術思想之大概。

（七）

敘述朱子思想，首先當提出其主要之兩部分。一為其理氣論，又一為其心性論。理氣論略當於近人所謂之宇宙論及形上學。心性論乃由宇宙論形上學落實到人生哲學上。

在北宋理學四大家中，二程於宇宙論形上學方面較少探究。濂溪橫渠則於此有大貢獻。但二程謂橫渠正蒙下語多有未瑩，朱子接受二程此番意見，其論理氣，主要根據為濂溪之太極圖說，而以橫渠正蒙為副。

朱子論宇宙萬物本體，必兼言理氣。氣指其實質部份，理則約略相當於寄寓在此實質內之性，或可說是實質之內一切之條理與規範。

朱子雖理氣分言，但認為只是一體渾成，而非兩體對立。此層最當深體，乃可無失朱子立言宗旨。朱子云：

天下未有無理之氣，亦未有無氣之理。

有是理，便有是氣。

理未嘗離乎氣。

無理，將不能有氣。但無氣，亦將不見有理。故此兩者，不僅是同時並存，實乃是一體渾成。朱子把此說歸納之於濂溪之太極圖說。故曰：

太極只是天地萬物之理，但太極卻不是一物，無方所頓放，故周子曰無極而太極。

又曰：

才說太極，便帶著陰陽。才說性，便帶著氣。不帶著陰陽與氣，太極與性那裡收附。然要得分明，又不可不拆開說。

把理氣拆開說，把太極與陰陽拆開說，乃為要求得對此一體分明之一種方便法門。不得因拆開說了，乃認為有理與氣，太極與陰陽為兩體而對立。

理與氣既非兩體對立，則自無先後可言。但若有人堅要問個先後，則朱子必言理先而氣後。故曰：

未有天地之先，畢竟也只是先有此理，便有此天地。若無此理，便亦無天地，無人、無物，都無該載了。

又曰：

先有箇天理了，卻有氣。有是理，便有是氣，但理是本。

但朱子亦並不是說今日有此理，明日有此氣。雖說有先後，還是一體渾成，並無時間相隔。惟若有人硬要如此問，則只有如此答。但亦只是理推，非是實論。

朱子又說：

陰靜是太極之本。然陰靜又自陽動而生。一靜一動，便是一箇闢闔。自其闢闔之大者推而上之，更無窮極，不可以本始言。

必要言天地本始，朱子似無此興趣，故不復作進一步的研尋。太極即在陰陽之內，猶之言理即在氣內。一氣又分陰陽，但陰陽亦不是兩體對立，仍只是一氣渾成。若定要說陰先陽後，或陽先陰後，朱子亦並不贊評。

但既如此，為何定不說氣先理後，理不離氣，有了氣自見理，太極即在陰陽裡，有了陰陽也自見太極，因若如此說，則氣為主而理為附，陰陽為主而太極為副，如此則成了唯氣論，亦即是唯物論。宇宙唯物的主張，朱子極所反對，通觀朱子思想大體自知。但既曰理為本，又曰先理後氣，則此宇宙是否乃是一唯理的，此層朱子亦表反對。朱子說：

佛氏卻不說著氣，以為此已是渣滓，必外此然後可以為道，遂至於絕滅人倫，外形骸，皆以為不足卹。

又曰：

事事物物上便有大本。若只說大本，便是釋老之學。

又曰：

有一種人，思慮向裡去，嫌眼前道理粗，於事物上都不理會，此乃談玄說妙之病，其流必入於異端。

朱子之學，重在內外本末精粗兩面俱盡，唯理論容易落虛，單憑虛理，抹撥實事，朱子亦不之許。至如近代共產主義，乃是一種唯理的唯物論，更要不得。

朱子又說：

說窮理，則似懸空無捉摸處。說格物，則只就那形而下之器，尋那形而上之道，便見得這箇元不相離。

又曰：

人都把這道理作箇懸空底物。大學不說窮理，只說格物，便是要人就事物上理會。

以上見朱子之宇宙論，既不主唯氣，亦不主唯理，亦不主理氣對立，而認為理事只是一體。惟有時不如此說，常把理氣分開，謂：

在物上看，則二物渾淪不可分開。若在理上看，則雖未有物，而已有物之理。然亦但有其理，未嘗實有是物。

此如今人說，未有飛機，先有飛機之理。人只能憑此理創此物，不能說為要創此物，同時卻創此理。更不能說，必待先有了飛機纔始有飛機之理。朱子又說：

且如萬一山河大地都陷了，畢竟理卻只在這裡。

此如說飛機壞了，飛機之理尚在。但若沒有飛機，那項飛機之理，究亦無處頓放，無處掛搭。所以理氣當合看，但有時亦當分離開來看。分離開來看，有些處會看得更清楚。

理是一，氣是多。理是常，氣是變。沒有多與變，便看不見一與常。但在理論上，究不能說只有多與變，沒有一與常。縱使離開了多與變，此一與常者究竟還存在。但朱子又不許人真箇離了多與變來認此一與常。似乎又不認多與變外還另有一與常。故說周子曰無極而太極，是他說得有功處。

朱子此項理氣一體之宇宙觀，在理學思想上講，實是一項創見，前所未有。濂溪只講太極與陰陽，此乃上承易經繫辭來。朱子換了兩個新名辭，說理與氣，說得更明白，更確切。如說物物一太極，究不如說物各有理更恰當。橫渠正蒙說太虛與氣，說太虛究亦不如說無極太極，較深允，較確切。故朱子理氣論，只引據濂溪太極圖，而對橫渠正蒙一大清虛之說，則亦加以辨正。說虛字究不如說理字，但單說理字則仍是虛。濂溪言太極，亦不如朱子言理氣之為恰當而明確。明道有言：吾學雖有所受，天理二字，卻是自家體貼出來，此所謂之天理，多半似只當屬於人生界。因此下理學家多以天理人欲對稱，此亦只指人心人事言，與朱子言理氣之理，高下廣狹有不同。因此說朱子理氣論，實是一番創論，為其前周張二程所未到。但由朱子說來，卻覺其與周張二程所言處處胳合。只見其因襲，不見其創造。此乃朱子思想之最偉大處，然亦因此使人驟然難於窺到朱子思想之真際與深處。

朱子解經極審慎，務求解出原書本義。但亦有時極大膽，極創闢，似與原書本義太不相干。如論語獲罪於天，無所禱也，朱子註天即理也。孔子只說禱於天，沒有說禱於理，朱子註語豈非大背原義。但此等處正見理學精神，實亦見北宋諸儒之精神。後來清儒拈出此等處，對朱子與宋儒大肆譏呵，只在訓詁上爭，卻不在學術思想上分辨，未免為小而失大。

但論語註天即理也四字，也還未盡朱子說天之義。中庸章句有云：

天以陰陽五行化生萬物，天即理也。

此條兼舉理氣言。若謂天以陰陽五行化生萬物，故陰陽五行之化生即是天，此則仍有未盡。在陰陽五行化生之裡面，尚猶有理，故又增上天即理也四字。但若謂天以理化生萬物，此又誤。因如此說來，又似天在理之上，則試問天又是何物。故朱子要極度推尊濂溪在太極之前加上無極二字，但說天即太極，究不如說天即理之遙為恰當。至於橫渠正蒙，則朱子多取其討論陰陽五行之化生處，而於其言太虛，言清虛一大，則只依二程，謂其下語未瑩。此等處皆是極費斟酌而來，亦是極富創闢精神，後人看慣了反覺陳腐，那是後人不應該。朱子又說：

若論本原，則有理然後有氣。若論稟賦，則有是氣而後理隨而具。

此處分別從宇宙與人生界來論理氣先後，更為明晰。中庸章句亦云：

氣以成形，理亦賦焉。

從宇宙界說，是理在氣先。從人生界說，則又氣在理先。朱子論孟集注學庸章句皆由其一己思想之最後結論凝鍊而來。一面當認取其深厚之傳統性，一面當認取其精闢之創造性。二者合一，乃可見朱子思想之大全。也只因後人看慣了，故在此等處亦復不深加理會。

今再就朱子天即理之說，引述其又一創闢之見，此為探究理氣論所必當注意者。朱子云：

理無情意，無計度，無造作，只此氣凝聚處，理便在其中。

又曰：

理只是個淨潔空闊底世界，無形迹。他卻不會造作。氣則能醞釀凝聚生物。

又說：

形而上者是理。才有作用，便是形而下者。

故又說：

氣強理弱。理拗不轉氣。亦如氣生形質，形質又強過了氣，氣又拗不轉形質。

此一說似極奇特，亦極平實。今若說，天即是理，而理又是無情意、無計度，因亦不能有造作與作用，則天亦是無情意、無計度、無造作、無作用。如此則宇宙萬物究從何來，此處朱子把來截斷了，不再向上推。只說有此宇宙萬物，則必見有理。苟不然，也不能有此宇宙萬物。如此而止。故朱子又說，宇宙間萬物也有限，並不能隨時隨意創造。如桃樹必開桃花，結桃子，不能在桃樹上開李花，結李子。理如此，天也無奈何。但也不是理在要如此，因理無情意，無計度，並亦無力要能如此。此說淵源，實乃自莊老道家之自然義。老子說：

天法道，道法自然。

道理二字，自理學家說來，本可無分別。然則此處乃是朱子會通了莊老道家之自然義而創出此說。濂溪太極圖說，遠則淵源於易繫辭，近則傳授自陳摶。易經與道家言，本屬相通。朱子之宇宙論，既是淵源於濂溪之太極圖，故亦兼通於易與道。但從此更當進一層分辨。道家主張乃是一本於自然，朱子理氣論則認自然只是一道，故說有氣則必有理。在宇宙形上界，理是無情意，無計度，無造作，無作用。但一落到人生形下界，人卻可以憑此理來造作，理乃變成了有作用。人生界在氣的圈子之內，自當有情意，有計度。只要此情意計度合乎理，則此理便會發生作用與造作。如是則又從莊老道家轉回到孔孟儒家來。此一層，當待講到朱子之心性論，纔見有發揮，有著落。在此，只可謂在宋代理學家思想中，實已包進了道家言，而加之以融化。周張二程皆如此，到朱子而益臻於圓通無礙。若僅就某一部分認為理學思想即是道家思想，則仍把握不到理學思想主要精神之所在。

以上約略說了朱子之理氣論，以下再引述其心性論。

（八）

性屬理，心屬氣，必先明白了朱子之理氣論，始能探究朱子之心性論。

朱子極稱伊川性即理也一語。謂：

> 伊川性即理也，自孔孟後無人見得到此，亦是從古無人敢如此道。

又曰：

> 如性即理也一語，直自孔子後惟是伊川說得盡。

其實孔孟書中並不見有性即理也之語，只因宋代理學家敢於說從古未有人說的話。但就論其實，伊川說此話，也與朱子之說有不同。伊川云：

性即理也，所謂理性是也。天下之理，原其所自，未有不善。喜怒哀樂之未發，何嘗不善。發而中節，則無往而不善。發不中節，然後為不善。

可見伊川性即理也之語，主要在發揮孟子性善義，只就人生界立論，而朱子則用來上通之於宇宙界。亦可謂朱子乃就其自所創立有關宇宙界之理氣論而來闡申伊川此語之義。要之伊川言性理，偏重在人生界，朱子言性理，則直從宇宙界來，此乃兩人之所異。

伊川又曰：

道孰為大，性為大。人之性則亦大矣，人之自小者，亦可哀也。人之性一也，世人皆曰吾何能為聖人，是不自信也。動物有知，植物有知，其性自異。但賦形於天地，其理則一。

此仍在闡發孟子性善義，仍偏囿在人生界。雖亦兼及物性，但只從人生界推出，非從宇宙界落下。

朱子則曰：

性只是理，萬理之總名。此理亦只是天地間公共之理，稟得來，便為我所有。

此是說天理稟賦在人物者為性，如此則宇宙界人生界一貫直下，形上形下，交融無間。今說天即是理，則在人物身上各自占有了一分天。此把莊老道家精義已盡量接受，而確然轉成其為儒家義。

此見朱子思想組織力之偉大，消化力之細膩，而在朱子，則只似依據伊川一語加以引伸，不見有自己用力處。此乃朱子思想之邃密不可及處，亦是朱子思想之驟難把捉處。

伊川又言：

論性不論氣不備，論氣不論性不明。

此處把性與氣分言。朱子說之曰：

大抵人有此形氣，則是此理始具於形氣之中而謂之性。纔是說性，便已涉乎有生，而兼乎氣質，不得為性之本體。然性之本體亦未嘗雜。要人就此上面見得其本體元未嘗離，亦未嘗雜耳。

此處朱子闡說伊川性即理也一語，更入深微。理是天地公共底，性則是人物各別底。理屬先天，性屬後天。由理降落為性，已是移了一層次。朱子說理氣合一，故說性氣不離。朱子又主理氣分言，故說性氣不雜。但萬物之性，各為其形氣所拘，回不到天地公共底理上去。人性則可不為形氣所拘，由己性直通於天理。此處要有一番工夫，此一番工夫則全在心上用。此乃全從人生界立說，若言宇宙界，則無工夫可用。惟在人生界用工夫，仍必以上通宇宙界為歸極。若只囿在人生界，而至於違背了宇宙界，則一切工夫皆屬錯用。宇宙界之與人生界，自朱子理想言，仍當是一體兩分，非兩體對立。其貫通處則正在性。性是體，其發而為工夫則在心，心屬用。

朱子言性即理，又說性氣不相離，亦不相雜，此處又把張程所言天地之性義理之性氣質之性之分別全都融化了。此等分別，至是乃似無必要。思想遞轉而益進，愈演而愈密，但在朱子文章與說話中，又像並不顯著，此貴讀者之細心體玩。

又朱子說理只是箇淨潔空闊底世界，無形迹，不會造作，有人疑此等說法從佛家來，但釋氏禪宗主張性空理空，朱子則說理必附氣性必附心。若說理不是一箇淨潔空闊底世界，又如何能附在氣上，遍及氣中。理如此，性亦然。正因其必附在氣上，遍及氣中，故理實非虛。一虛一實，為朱子分別儒釋疆界一大鴻溝，此層俟下再述。

以上略說朱子論性，以下當再略述朱子之論心。

朱子論宇宙界，似說理之重要性更過於氣。但論人生界，則似心之重要性尤過於性。因論宇宙界，只在說明此實體而落到人生界。要由人返天，仍使人生界與宇宙界合一，則更重在工夫，工夫則全在心上用，故說心字尤更重要。但卻不能說朱子重要說心，便接近了所謂唯心論。因心只屬於氣，朱子既不主唯氣，自亦不主唯心。

後人又多說，程朱主性即理，陸王主心即理，因此分別程朱為理學，陸王為心學。此一區別，實亦不甚恰當。理學家中善言心者莫過於朱子。此下再略舉其說。或人問朱子：

先生說心者，天理在人之全體，又說性者天理之全體，此何以別？曰分說時，且恁地。若將心與性合作一處說，須有別。

說心性，猶如其說理氣，可以分說，可以合說。心性亦非兩體對立，仍屬一體兩分。故又說：

性便是心之所有之理。

心便是理之所會之地。

性是理，心是包含該載敷施發用底。

就宇宙界言，理則包含該載在氣。就人生界言，性則包含該載在心。理無情意，無計度，無造作，無作用，性亦然。心則有情意，有計度，有造作，有作用。故理之敷施發用在氣，而性之敷施發用則在心。氣之敷施發用只是一自然，而心之敷施發用則在人為。應從自然中發出人為，又應從人為中回歸自然。並應從人為中發展出自然中之一切可能與其最高可能。此始謂之道義，始是人生界最高理想與最大責任所在，亦始是人心之最大功用所在。故說：

心性理，拈著一個，則都貫穿。

後人又稱理學曰性理之學，依照上引語，可見性理之學正即是心學。一切對性與理之認識與工夫，將全靠心。若抹去了心，將無性理學可言。故又說：

所知覺者是理，理不離知覺，知覺不離理。

就宇宙界論，則理不離氣。就人生界論，則曰理不離知覺。理不離知覺，即是理不離心。故又曰：

理無心，則無著處。

所覺者心之理，能覺者氣之靈。

就宇宙界論，則理在氣。就人生界論，則理在心。心是氣之靈，惟人類獨得此氣之靈，故能有此心，能覺此理。然既曰氣非即是理，則亦必曰心非即是理。心只是覺。須待此心所覺全是理，滿心皆理，始是到了心即理境界。此心所覺之理，不僅是宇宙自然方面者，亦復涉及人生文化方面。人生文化方面之理，亦即在宇宙自然之理之中，此在性即理之一論題中已有交代。人心能明覺到此理，一面可自盡己性，一面可上達天理，則既可宏揚文化，亦可宣贊自然。儒家精義之所異於老釋異端者在此，而理學家之終極目標亦在此。

心非即是理，只是一虛靈。惟其是一虛靈，故能明覺此理。大學章句有云：

虛靈不昧，以具眾理而應萬事。

孟子集注亦云：

心者人之神明，所以具眾理而應萬事。

人類有心，即能具此神明。但須到聖人，始能全此體而盡其用。此處則有一套方法，即是一套工夫，理學家所討究之最精邃處，即在此一套方法與工夫上。故理學決非僅是一套純思辨之學，更貴在能有以證成此一套思辨之方法與工夫。故理學家既有一套本體論，尤必有一套方法論與工夫論。若僅認有此本體，而無與此相應之一套方法與工夫，則所知不實，所覺仍虛，非真本體，將如畫餅之不足以充饑。

朱子又謂釋氏禪宗乃是主心即理之說者，故曰：

> 釋氏擎拳豎拂，運水搬柴之說，豈不見此心，豈不識此心，而卒不可與入堯舜之道。正為不見天理，而專認此心為主宰，故不免流於自私。前輩有言，聖人本天，釋氏本心，蓋謂此。

本天，即是本理，理必具於心，而心非即是理，此辨已詳理氣論。

朱子又曰：

> 橫渠說，心能檢其性，人能弘道也。性不知檢其心，非道弘人也。此意卻好。

此亦上引理弱氣強說一實證。理不能有造作，拗不轉氣，但氣亦管不得理。就宇宙界言，理氣兩行，一體渾成，誰也主宰不得誰，所以道家謂之為自然。在自然中有人類，人則有心，心能檢性，即是說心能檢點理。從宇宙界言，似乎理乃是一主宰。但此一主宰，乃是消極性的，只能使氣之一切活動不能越出理之範疇，卻不能主宰氣使作某等活動。否則此宇宙早成為一理想的，而非是一自然的。今就人生界言，則心能主宰理，即是能檢點此理，配合於人生理想，而使其盡量獲得發揮，由理想的人生界來達到一理想之宇宙界。如是言之，則轉成為氣能主宰理。此氣則專指心言，故又曰心者氣之精爽。

朱子又說：

> 性者道之形體，心者性之郛郭，康節這數句極好。

道即是理，理無形體，性便是其形體。物各具性，即是物各有理。但此只就宇宙自然界言。落實到人生界，則具此性者為心，心便能收拾得這性，檢點這性，使之發生作用。謂之郛廓者，人性只在心之內，不在心之外。故又說：心將性做餡子模樣。饅頭有了餡子始有味，心之內存得有性，此心始有意義可言。但朱子又說：

> 若是指性來做心說則不可。今人往往以心來說性，須是先認得方可說。

指性做心說，則性將不成其為理。若以心來說性則可，但須先識得心與性之區別所在與其會通所在。

以上是朱子雜引了橫渠康節所說，以見心能檢性，性卻不能檢心。心能包性，性卻不能包心。故朱子又說：

> 自古聖賢相傳，只是理會一箇心。

即此可見朱子對心之重視。所謂理會，則本體認識與方法運用都已兼舉在內。

朱子又極稱橫渠心統性情之說，謂：

心統性情，二程卻無一句似此切。

又曰：

孟子說心許多，皆未有此語端的。其他諸子等書，皆無依稀似此。

朱子稱讚橫渠此一語，不僅謂其勝過了二程，抑且謂其勝過了孟子。此處即可見宋代理學家精神，一面極具傳統性，另一面又極具開創性，而朱子尤為其代表。朱子闡說橫渠此語，謂：

性者，心之理。情者，性之動。心者，性情之主。

性對情言，心對性情言。合如此是性，動處是情，主宰是心。

又曰：

性以理言，情乃發用處，心即管攝性情。

又曰：

心統性情，該動靜，而為之主宰。

朱子又說：

天命之謂性，命便是告劄之類。性便是合當做底職事，如主簿銷注，縣尉巡捕。心便是官人。氣質便是官人所習尚，或寬或猛。情便是當廳處斷事。如縣尉捉捕得賊，情便是發用處。

此處把性命心情氣質等字，解釋得一一清楚明白。人生一切職事，還是由天所派。但人在此等職事上，還得自作主宰。天派了你職事，不能代你作主宰。各人在自作主宰時，還有氣質不同，感情不同，這些亦都受於天，但要主宰得當。卻不是要你全沒有了氣質之異，感情之動，始來作主宰。

朱子又說：

> 虛明應物，知得這事合恁地，那事合恁地，這便是心。當這事感，則這理應，那事感，則那理應，這便是性。出頭露面來底便是情。其實只是一箇物事。

心是能覺，性是所覺，情是性之出頭露面處。由宇宙自然界言，此三者似統一在性。由人生文化界言，此三者須統一在心。若只認得性情是自然，卻不認得主宰在心，此是錯了。但若只認得主宰在心，卻不認得性情乃本之自然，亦同樣是錯。

上面已說到宋代理學家共同主要精神之所在。橫渠又說：為天地立心，為生民立命，為往聖繼絕學，為萬世開太平，此一套絕學，其實也只是一套心學，根據上所引述，自可循之推尋。

（九）

以上略述朱子之理氣論與心性論。在此，朱子已盡力指陳了心之重要。在人生界中之心，正可與在宇宙界中之理相匹配。而就人生界論人生，則心之重要更過於理。因理是已存底，而心則是待發底。亦可謂理屬體，心則主要在用，在工夫論上，故尤為理學家所重視。所以說，謂陸王是心學，程朱是理學，此一分別，未為恰當。若說陸王心學乃是專偏重在人生界，程朱理學則兼重人生界與宇宙界，如此言之，庶較近實。

今試問天地是否亦有心，即是說宇宙自然是否亦有心，朱子對此問題，似乎主張說天地亦有心。朱子說：

> 天地以生物為心。天包著地，別無所作為，只是生物而已。亘古亘今，生生不窮，人物則得此生物之心以為心。

又曰：

> 天地以此心普及萬物，人得之，遂為人之心，物得之，遂為物之心，草木禽獸接著，遂為草木禽獸之心。只是一箇天地之心爾。今須要知得它有心處，又要見得它無心處。

如此說來，朱子看天地，似乎認其在有心無心之間。天地只是一自然，此是無心的。但若只說理與氣，一則冷酷無情，一則紛擾錯縱，不能說人生界一切道理便只從這無情與紛擾中來，儒家因此從宇宙大自然中提出一生命觀，理則名之曰生理，氣則稱之曰生氣，易繫辭說天地之大德曰生，又曰復見天地之心。朱子說之曰：

謂如一樹，春榮夏敷，至秋乃實，至冬乃成。方其自小而大，各有生意。到冬時，疑若樹無生意矣，不知卻自收斂在下。每實各具生理，便見生生不窮之意。

此乃即就草木來說明宇宙，提出生氣生理生意等字眼，說有意便如說有心。朱子又曰：

萬物生長，是天地無心時。枯槁欲生，是天地有心時。

當萬物之各遂其生，自然生長時，則若不見天地之有心。若使天地有心，將不復是自然，亦將不見萬物之各有其生，而只成為宇宙間一被生物。但到萬物生命力收藏或萎縮近至不復有生時，而其生命力又漸漸茁壯起來，此則不得謂天地之無心。若果天地無心，何從在自然中報出生命？又如何使此生命永遠繼繼承承而不絕？

康節有一詩云：

冬至子之半，天心無改移。一陽初動處，萬物未生時。玄酒味方淡，大音聲正希。此言如不信，更請問庖犧。

朱子說此詩云：

萬物生時，此心非不見，但天地之心悉已布散叢雜，無非此理呈露，倒多了難見。若會看者能於此觀之，則所見無非天地之心。惟是復時，萬物未生，只有一箇天地之心昭然著見在這裡，所以易看。

朱子此說分析甚精。又盛讚康節此詩，謂其是振古豪傑。朱子又曰：

復未見造化，而造化之心於此可見。

到此處，朱子直說自然造化即見天地有心。王弼注易經復卦，謂寂然至無，是其本矣。動息地中，乃天地之心見。朱子斥之，謂說無，是胡說。王弼承莊老道家義，謂自然中有生命，乃是自無生有。儒家不認無是天地之本。天地即是造化，造化中即涵有生命。當復之時，雖生命之迹尚未見，而造化之心則已見，不得謂之無。

朱子又謂：

造化周流，未著形質，便是形而上，屬陽。才麗於形質，為人物，為金木水火土，便轉動不得，便是形而下，屬陰。

故雖說一動一靜互為其根，分陰分陽兩儀立焉，但究竟仍該以陽動在先，陰靜在後。在先是流行變動，未著形質時。在後則已麗於形質，成了一格局。此種形質，則無不將變壞衰滅，但下面還是會生生不已。故朱子說：

統是一個生意。

如此，亦可說儒家說造化，說生，是說了此宇宙之陽面。道家說自然，說無，是說了此宇宙之陰面。朱子根據易繫辭來暢闡儒義，而其根據於新興理學諸儒者，則主要尤在濂溪與康節。

朱子從此理論上特地提出一仁字。朱子說：

仁是天地之生氣。

仁是箇生底意思。

生底意思是仁。

又曰：

只從生意上說仁。

天地生這物時，便有箇仁。

仁便有箇動而善之意。

又曰：

仁者，天地生物之心。

又曰：

千頭萬件，都只是這一箇物事流出來，仁是箇主，即心。

又曰：

發明心字，一言以蔽之曰生而已。天地之大德曰生，人受天地之氣以生，故此心必仁，仁則生矣。

又曰：

當來得於天者，只是箇仁，所以為心之全體。

又曰：

萬物之心，便如天地之心。天下人之心，便如聖人之心。天地生萬物，一箇物裡面便有一箇天地之心。聖人於天下，一箇人裡面，便有一箇聖人之心。

朱子專就心之生處心之仁處著眼，至是而宇宙萬物乃得通為一體。當知從來儒家發揮仁字到此境界者，正惟朱子一人。老子曰：天地不仁，以萬物為芻狗。從老子道家義，則此宇宙大整體，乃是一不仁之體。由朱子言之，則此宇宙大整體，乃是一至仁之體。然其間仍有分別處。由上向下言之，則萬物各得天地之心，與天地之仁。若由下向上言之，則惟聖人乃能全得此心之仁，上與天地合德。從此乃生出關於心方面之種種方法論與工夫論，待以下加以闡述。

（十）

以上略述朱子論此宇宙之仁，此下當再述朱子論此宇宙之神。亦可謂理與氣乃此宇宙之體，仁與神則是此宇宙之用。必兼此體用四者來看，乃見朱子宇宙論之全貌。

橫渠有言：

鬼神者，二氣之良能。

伊川則謂：

鬼神者，造化之迹。

朱子論鬼神，大體本之張程，惟謂程說不如張。蓋迹字下得粗，不如能字更深切。朱子自說己意則曰：

鬼神是這氣裡面神靈相似。

此意承橫渠，謂氣裡面有一種作用，此種作用謂之鬼神，或只說神，此即是氣之能。若以神與理相比，理屬形而上，神屬形而下。故朱子又說：

說鬼神，畢竟就氣處多，發出光彩便是神。

如此則伊川說鬼神為造化之迹，亦已得之，惟不若橫渠與朱子說得更精妙。朱子又曰：

神便在心裡，凝在裡面為精，發出光彩為神。

此謂心是氣之精爽，神是氣之光彩。朱子又說：

往來屈伸者氣也。神伸也，鬼屈也。如風雨雷電初發時，神也。及至風止雨過，雷住電息，鬼也。

又曰：

鬼神不過陰陽消長，亭毒化育，風雨晦冥皆是。

風雨晦冥指其迹，亭毒化育見其能。就天地之生理生氣生意言，可謂天地亦有心。心是氣之精，發出光彩便是神。則又可說氣是體，而心與神則是其用。朱子又曰：

言鬼神，自有迹者而言。言神，只言其妙而不可測識。

又曰：

且就這一身看，自會笑語，有許多聰明知識，這是如何得恁地？虛空之中，忽然有風有雨，有雷有電，這是如何得恁地？這都是陰陽相感，都是鬼神。看得到這裡，見一身只是箇軀殼在這裡，內外無非天地陰陽之氣。所以說，天地之塞吾其體，天地之帥吾其性。

如此說來，天地人物只是一體。此一體，合而言之曰氣，分而言之曰陰陽。陰陽相感，往來屈伸，遂演出種種造化。此種種造化，妙而不可測識，故稱之曰神。神則只是一種造化之作用或功能。分而言之，則曰鬼神。在此種作用或功能之背後，則必有理之存在。故朱子又曰：

神是理之發用，而乘氣以出入。

此處見張程專就二氣言鬼神，朱子則又進一步兼理氣而言鬼神。若要問神究該屬理抑屬氣，則神自是屬於氣一邊。而氣之所以能神，則因氣之中有理。否則此一氣，紛擾錯縱，將不會有神妙之作用。朱子之所推闡引發，似較張程更為詳密，更為開展。其實朱子言神鬼，已與古經籍中之言鬼神者異趣，但朱子仍必追溯之於古經籍，而一一為之會合闡說，因曰：

宰我問鬼神一章最精密，包括得盡，亦是當時弟子記錄得好。

是則朱子言鬼神，不僅推本之於張程，亦且推本之於孔子。驟讀朱子書，一一分別而觀，若其言必有本，並無創見自立說之處。朱子乃渾化其一己思想於從來之大傳統中，使人不見其痕跡。換辭言之，朱子乃自從來大傳統中醞釀發展其思想，而亦不自知其為創見與自立說。孔子之述而不作，信而好古，後代大儒，實惟朱子似之。

朱子又更進而分別言之，曰：

今且說大界限。周禮言，天曰神，地曰祇，人曰鬼。三者皆有神，而天獨曰神者，以其常流動不息，故專以神言之。若人自亦有神，但在人身上則謂之神，散則謂之鬼。鬼是散而靜了，更無形，故曰往而不返。

鬼只指其氣之散而靜，往而不返者。神則指其專一發見，流動不息，妙而不可測識者。自宇宙界言，其間雖亦有散而盡之氣，但綜觀此宇宙之大氣，則只是流動不息，妙而不可測識。自人生界言，則各人之氣，終必有散而盡，往而不返之時。故在天則曰神，在人則曰鬼。換言之，天地之氣常在，人之氣則必消散。然細言之，則天地常在之氣之中亦不斷有消散，人氣在未消散時亦不斷有流動不息之妙。此乃朱子論鬼神之本旨。其釋周禮所言之鬼神，則一如其注論語之言天即理，此處可見朱子終是一卓越之理學家，因其有創見，能自立說，與標準之經學家畢竟有不同。因經學家則都不能有創見與自立說。

朱子又曰：

橫渠云：陰陽二氣，推行以漸謂化。闔闢不測謂神。伊川先生說神化等，卻不似橫渠說得分明。

又曰：

神化二字，雖程子說得亦不甚分明。惟是橫渠推出來。推行有漸為化，合一不測為神。

朱子又極稱橫渠一故神，兩在故不測，兩故化，推行乎一，之四語。又自為之說曰：

一不能化，惟兩而後能化。且如一陰一陽，始能化生萬物。雖是兩箇，要之亦是推行乎此一。

朱子於橫渠此數語，再三稱嘆。既曰說得極好，又曰說得極精。蓋北宋理學諸儒，能言宇宙界者，端推濂溪康節橫渠三家，二程則較遜。朱子乃會通此三家以完成其宇宙論之體系。大要言之，不外是一體兩分，兩體合一之兩語。其論理氣，論陰陽，論鬼神，皆是。又如其言仁與神之與理氣，亦仍是一體兩分，兩體合一。其論宇宙界與人生界，亦仍還是一體兩分與兩體合一。識得此意，推而求之，則於朱子一切所言，自有迎刃而解之樂。

朱子又引橫渠言：

物之初生，氣日至而滋息。物生既盈，氣日反而游散。至之謂神，以其伸。反之為鬼，以其歸。

因言：

天下萬事萬物，自古及今，只是箇陰陽消息屈伸。橫渠將屈伸說得貫通。

又曰：

橫渠物之始生一章，尤說得分曉。

朱子因此說：

人者鬼神之會。

是則人生即是一小宇宙，亦是一小造化。朱子又曰：

不是有此物時便有此鬼神，乃是有這鬼神了方有此物。及至有此物了，又不能違夫鬼神也。

此言鬼神，即是言造化，乃是有了造化乃有此物，不可說有此物時便有此造化也。

朱子又自鬼神而言死生，因曰：

歸根乃老子語，畢竟無歸。如月影映在這盆水裡，除了這盆水，這影便無了。豈是飛上天，歸那月裡去。又如花落便無了，豈是歸去那裡，明年復來生這枝上。問人死時，這知覺便散否？曰：不是散，是盡了。氣盡則知覺亦盡。

又曰：大鈞播物，一去便休，豈有散而復聚之氣。死便是都散盡了。

又曰：天運不息，品物流形，無萬物皆逝，而己獨不去之理。

又曰：日月寒暑晦明，可言反復。死無復生之理。今作一例推說，恐墮於釋氏輪迴之論。

又曰：一受其成形，此性遂為吾有，雖死而猶不滅，截然自為一物，藏乎寂然一體之中，則自開闢以來，積至於今，其重併積疊，計已無地可容。且乾坤造化，如大洪罏，人物生生無少休息，是乃所謂實然之理，不憂其斷滅也。今乃以一片大虛寂目之，而反認人物已死之知覺謂之實然之理，豈不誤哉。

又曰：儒者以理為不生不滅，釋氏以神識為不生不滅，真似冰炭。

此處朱子力闢釋氏之輪迴說與神識不滅說，俗傳人死為鬼之說，亦可不待闢而知其妄。故朱子曰：世俗大抵十分有八分胡說，只二分亦有此理。其實朱子言鬼神，雖亦一一引據古經籍，顯與古經籍中觀念有分歧。朱子又因而推及於魂魄義，祭祀義，要之皆是雜糅新舊，自創一說，合而組成一思想大體系。貌若陳舊，實則新鮮。故論理學家之大傳統，則自當屬於儒家，但亦不害其在大傳統下之各有所創造。此乃凡理學家皆然，而博大精深，能於傳統創造雙方各臻其極，則必首推朱子。

（十一）

以上略述朱子言宇宙之仁與神。在此大仁至神之造化中，而有人物生生。人則得氣最靈，其間乃有聖人出，上合天德，法乎天地之大仁至神而參贊宇宙之造化。濂溪有言：

士希賢，賢希聖，聖希天。

此為理學家之最大宗旨與最大目標，亦可謂理學即是一種希聖希天之學。惟聖人有易為不易為兩說。主張聖人易為之說者，當推孟子為始。而顏子則曰：既竭吾力，如有所立卓爾。雖欲從之，末由也已。此由親炙孔子，而發為聖人不易為之歎。濂溪曰，學顏子之所學，似亦不言聖人易為。朱子亦然。今當繼述朱子之聖人難為論。

朱子有曰：

某十數歲時，讀孟子，言聖人與我同類者，喜不可言。以為聖人亦易做。今方覺得難。

又曰：

人做得底，卻有天做不得底。天能生物，而耕種必用人。水能潤物，而灌溉必用人。火能熯物，而薪爨必用人。財成輔相，須是人做。

人須能有裁成輔相天地之功能，極其至者為聖人。此可見聖人之不易為。故曰：

聖人贊天地之化育。天下事有不恰好處，被聖人做得都好。丹朱不肖，堯則以天下與人。洪水汜濫，舜尋得禹而民得安居。桀紂暴虐，湯武起而誅之。

天只生得許多人物，與你許多道理，然天卻自做不得，所以必得聖人為之修道立教，以教化百姓。所謂裁成天地之道，輔相天地之宜。蓋天地做不得底，卻須聖人為他做。

這見得聖人是甚麼樣大力量。恰似天地有闕齾處，得聖人出來補得教周全後，過得稍久，又不免有闕，又得聖賢出來補。這見得聖賢是甚力量，直有闔闢乾坤之功。

又曰：

天地只是自然，聖人法天，做這許多節措出來。

朱子又舉出範圍天地之化而不過，曲成萬物而不遺這兩句來說。

天地之化，滔滔無窮，如一鑪汁，鎔化不息。聖人則為之鑄寫成器，使人模範匡郭，不使過中道。就事物之分量形質，隨其大小闊狹長短方圓，無不各成就。範圍天地，是極其大而言。曲成萬物，是極其小而言。

又說聖人當：

繼天地之志，述天地之事。

外極規模之大，內推至於事事物物處，莫不盡其工夫，此所以為聖人之學。

正如佛家說，為此一大事因緣出見於世。千言萬語，只是說這箇道理。若還一日不扶持，便倒了。聖人只是常欲扶持這箇道理，教它撐天柱地。

以某觀之，做箇聖賢，千難萬難。如釋氏則今夜痛說一頓，有利根者當下便悟，只是箇無量之秤。

此見朱子所意想中之聖人，乃是連結宇宙界與人生界而合一說之。朱子又深於史學，故其所意想中之聖人，又是會通古今歷代人事之興衰治亂而融貫說之。若有人說聖人易為，朱子卻要說他近禪。又曰：

某道古時聖賢易做，後世聖賢難做。古時只是順那自然做將去，而今大故費手。

又曰：

又曰：

自古無不曉事底聖賢，亦無不通變底聖賢，亦無關門獨坐底聖賢。只理會得門內事，門外事便了不得。所以聖人教人要博學。如今只道是持敬，收拾身心，日用要合道理，無差失，此固是好。然而出應天下事，應這事得時，應那事又不得。若謂只言忠信，行篤敬便可，則自漢唐以來，豈是無此等人。因甚道統之傳卻不曾得，亦可見。

又曰：

古者論聖人，都說聰明。聖主於德，固不在多能，然聖人未有不多能。若只去學多能，則只是一箇雜骨董底人。

又曰：

聖人不見用，所以人只見他小小技藝。若其得用，便做出大功業來，不復有小小技藝之可見。

又曰：

有禹湯之德，便有禹湯之業。有伊周之德，便有伊周之業。終不如萬石君，不言而躬行，凡事一切不理會。

又曰：

聖人賢於堯舜處，卻在於收拾累代聖人之典章禮樂制度義理以垂於世。

又曰：

顏子不是一箇衰善底人，看他是多少聰明。又敢問為邦，孔子便告以四代禮樂。孟子說時，見得聖人大賢易做，全無許多等級。所以程子云：孟子才高，學之無可依據。

通觀上引，朱子乃以德行聰明才能事業四者並重而稱之為聖人。乃以傳道治國與裁成輔相天地之道，繼天地之志，述天地之事，而稱之為聖人。懸格甚高，既說聖人難為，則其理想中所謂理學所應從事之範圍與境界，亦從此可推。

（十二）

以上略述朱子之聖人難為論，但朱子又說：

不要說高了聖人，高後，學者如何企及。越說得聖人低，越有意思。

要說得聖人低，要使人能信及聖人之可學而至。學聖人，首當學聖人之心。聖心之通於天心者在其仁。朱子論仁，當分作兩部分。其論宇宙之仁已述在前，此下當續及其論人心之仁。

二程言仁處極多，朱子特取伊川仁包四德之語，伊川云：

四德之元，猶五常之仁。偏言則主一事，專言則包四者。

朱子說之云：

元只是初底便是。如木之萌，草之芽，其在人，如惻然有隱。

又曰：

人只是這一箇心，就裡面分為四者。且以惻隱論之，本只是這惻隱，遇當辭遜則為辭遜，不安處便為羞惡，分別處便為是非。若無一箇動底醒底在裡面，便也不知羞惡，不知辭遜，不知是非。譬如天地，只是一箇春氣。發生之初為春氣，發生得過便為夏，收斂便為秋，消縮盡便為冬。明年又從春起，渾然只是一箇發生之氣。

宇宙是一箇有生氣或說有生意的宇宙。人生在宇宙中，人之最要者是心，此心亦有生氣生意。因此人心能醒覺，能動。此醒底動底，便是人心之惻然有隱處。隱是隱痛，比惻然之惻字義更深些。所謂羞惡辭遜是非之心，實亦只是那動底醒底惻然有隱之心之隨所遇而發之變。故說：

惻隱是箇腦子，羞惡辭遜是非須從這裡發來。若非惻隱，三者俱是死物。

明道說：滿腔子是惻隱之心。朱子說之曰：

此身軀殼謂之腔子，而今人滿身知痛處可見。

如將刀割著固是痛，若將針劄著也是痛。如爛打一頓固是痛，便輕掐一下也痛。

人身只是一箇生氣團聚，故在身上任何一處輕掐爛打都會痛。醫家說痲木不仁，仁即是能痛癢相關。不僅滿身如此，天地間也只是一箇生氣團聚，故見孺子入井，也會發生惻隱之心。天地萬物生機一片，而人心之仁，亦會隨所接觸而與之融成一片。所以說：

人之所以為人，其理則天地之理，其氣則天地之氣。理無迹，不可見，故於氣觀之。要識仁之意思，是一箇渾然溫和之氣。其氣則天地陽春之氣，其理則天地生物之心。

從此再推說，乃有仁者以天地萬物為一體，又仁者渾然與物同體之語。後語出自明道，前語出自伊川。朱子云：

明道言學者須先識仁，仁者渾然與物同體一段話極好，只是說得太廣，學者難入。

又曰：

伊川說仁者以天地萬物為一體，說得太深，無捉摸處。

可見朱子於二程此兩語，皆未十分讚許。朱子自己說：

須是近裡著身推究，未干天地萬物事。仁者，心之德，愛之理。只以此意推之，不須外邊添入道理。若於此處認得仁字，即不妨與天地萬物同體。若不會得，便將天地萬物同體為仁，卻轉無交涉。

又說：

仁者與天地萬物為一體，此只是既仁之後見得箇體段如此。

仁者固能與物為一，謂萬物為一為仁亦不可。萬物為一，只是說得仁之量。

朱子主張要認識此心，應近裡著身即從自己心上認取。若從外面天地萬物上求，則轉無交涉。朱子於北宋理學，有博采諸家處，有獨出己見處，即二程亦不曲從，此處可作一好例。又如其解釋惻隱二字，可謂精義獨闢。至以心之德愛之理六字來解釋仁字，更為朱子精心獨創。朱子說：

知覺便是心之德。

惻隱之心，便是此心之動處醒處，故說仁者心之德。但如便以覺為仁，朱子亦所不許。此待下論。朱子又說：

仁只是箇愛底道理。

理是根，愛是苗。仁之愛，如糖之甜，醋之酸，愛是那滋味。

人心有愛，其中必有理，此理便是心之仁。所以又說：

愛之理便是心之德。

如此又把六字兩截并為一截。朱子最重解釋字義，其解釋字義處，即是其發揮道理處，此復與從來經學家之所謂訓詁有不同。朱子又說：

不可便喚苗做根。然而這箇苗，卻定是從根上來。

仁是體，愛是用，又曰愛之理，愛自仁出也。然亦不可離了愛去說仁。

若僅說仁者渾然與物同體，或說仁者以天地萬物為一體，最多只是從體上說，從理上說，從根上說，如此說來，則太深太廣。而且理不可見，使人難入，無可捉摸。朱子只從愛上說，則易入易捉摸。但不可便喚愛做仁，此猶如謂不可便喚覺做仁，皆是剖析精微，朱子思想最擅長處在此。朱子又說：

仁字最難形容，是箇柔軟，有知覺，相酬接之意，此須自去體認。

把此三項來說仁，下語極通俗，亦極恰當。朱子又於柔軟一項加以說明。他說：

試自看一箇物，堅硬如頑石，成甚物事，此便是不仁。

又說：

若如頑石，便下種不得。俗說硬心腸，可以見。

此三項，其實也只如三項。此三項中未提到愛字，但人心之愛，則必是柔軟、有知覺、能相酬接的。由此再引伸說下，則全由學者自去體認。或說：

人與萬物均受此氣，均得此理，所以皆當愛。

朱子說不然。

愛字不在同體上說，自不屬同體事。愛則是自然愛，不是同體了方愛。

如或人說，乃是從理上說心。朱子所辨，乃是從心上說理。故其語更見為親切而自然。但朱子又說：

近年學者，不肯以愛言仁。

某嘗說仁主乎愛，仁須用愛字說，被諸友四面攻道不是。

其實當時諸友圍攻朱子之以愛說仁，其說皆據二程。故朱子又分析說：

愛與惻隱，本是仁底事。仁本不難見。緣諸儒說得來淺近了，故二先生便說道，仁不是如此說。後人又卻說得來高遠，沒理會了。

此是朱子在當時之孤識獨見。朱子雖時時自認承接二程，但亦不墨守。其所自立說，既淺近，又高遠，實是折衷至當。

又有人說，無私欲是仁。朱子則曰：

謂之無私欲然後仁，則可。謂無私欲便是仁，則不可。

有人無私心，而好惡又未必皆當於理。惟仁者既無私心，而好惡又皆當於理。

又有人說公是仁，朱子則曰：

公不可與仁比並看。公只是無私。纔無私，這仁便流行。程先生云：惟公為近之，卻不是近似之近。纔公，仁便在此，故云近。

又曰：

世有以公為心而慘刻不恤者。

脫落了公字，其活底是仁。

公在前，恕在後，中間是仁。公了方能仁，私便不能仁。

仁之發處自是愛，恕是推那愛底。

熟底是仁，生底是恕。自然底是仁，勉強底是恕。無計較無覩當底是仁，有計較有覩當底是恕。

又有說知覺是仁，朱子曰：

孟子言知覺，謂知此事，覺此理，乃學之至而知之盡。上蔡言知覺，謂識痛癢，能酬酢者，乃心之用而知之端。二者不同，然其大體皆智之事。以之言仁，所以多矛盾而少契合。

醫者以頑痺為不仁，以其不覺。然便謂覺是仁則不可。

喚著便應，抉著便痛，這是心之流注在血氣上底。喚著不應，抉著不痛，這固是死人，固是不仁。喚得應，抉著痛，只這便是仁，則誰箇不會如此？

以上諸條，初看似在辨析字義，其實是在辨析人心之曲折層次，細微異同。故曰理學家中善言人心者莫過於朱子。

朱子又曰：

某舊見伊川說仁，令將聖賢所說仁處類聚看。看來恐如此不得。古人言語，各隨所說見意。那邊自如彼說，這邊自如此說。要一一來比並不得。

又曰：

類聚孔孟言仁處以求仁之說，程子為人之意，可謂深切。然專一如此用功，卻恐不免長欲速好徑之心，滋入耳出口之弊，亦不可不察。

此皆深切中人之心病。

茲再錄朱子一段話以終斯篇。朱子說：

凡看道理，要見得大頭腦處分明。下面節節，只是此理散為萬殊。如孔子教人，只是逐件逐事說箇道理，未嘗說出大頭腦處，然四面八方合聚湊來，也自見得箇大頭腦。孟子便已指出教人。周子說出太極，已是太煞分明。如惻隱之端，從此推上，是此心之仁，仁即天德之元，元即太極之陽動。如此節節推上，亦自見得大總腦處。若看得太極處分明，必能見得天下許多道理條件，皆自此出。事事物物上皆有箇道理，元無虧欠。

此處朱子以孟子惻隱之心與濂溪太極合併闡說。一面是一件極細碎底事，一面是一箇極綰合之理，而朱子把來會合通說：此心之仁，即天德之元，即太極之陽動。天地萬物，皆從此一動處開始。

天與人，心與理，宇宙界與人生界，皆在此一仁字上綰合成一。天地間許多道理條件，皆由此處生出。此處亦可謂是朱子講學一大總腦處，由此而推出其逐項分散處。

（十三）

以人合天，以心合理，第一要端曰仁，上章略述朱子論人心之仁，又一要端曰誠，此章當續述。

仁可分為宇宙之仁與人心之仁兩面說，朱子論誠亦然，亦可分為宇宙的與人心的兩面。朱子說：

> 誠只是實。
>
> 誠是理。
>
> 誠是實有此理。
>
> 誠之在物謂之天。
>
> 誠在道，為實有之理，在人為實然之心。

又曰：

> 誠實理也，亦誠慤也。由漢以來，專以誠慤言誠，至程子乃以實理言。後學皆棄誠慤之說。

不觀中庸，亦有言實理為誠處，亦有言誠慤為誠處。不可只以實理為誠，而以誠慤為非誠。

從宇宙界言，則理為主。從人生界言，則心為主。程門言仁，重於言理，忽於言心，朱子矯之，已如上述。言誠，亦同有此歧趨。故曰：

誠者，合內外之道，便是表裡如一。內實如此，外也實如此。

內指此心，外指行為，乃及天地萬物之宇宙界。誠之更高一層，則在此內外之合一。

問：反諸身不誠，曰：反諸身，是反於心。不誠，是不曾實有此心。如事親以孝，須是實有這孝之心。若外面假為孝之事，裡面卻無孝之心，便是不誠。

問不誠無物；曰：心無形影，惟誠時，方有這物事。

此皆指誠慤之誠言。又曰：

惟天地聖人，無一息間斷。維天之命，於穆不已。間斷，造化便死了。天地生人，便是箇人，生出箇物，便是箇物，不曾生箇假底人物來。問：陰陽舛錯，雨暘失時，亦可謂之誠乎？曰：只是舛錯，不是假底，依舊是實。

此皆指實然之誠言。又曰：

誠是天理之實然，更無纖毫作為。聖人之生，其稟受渾然，氣質清明純粹，全是此理，更不待修為而自然與天為一。若其餘，則須是博學審問謹思明辨篤行，如此不已，直待得仁

> 義禮智，與夫忠孝之道，日用本分事，無非實理，然後為誠。有一毫見得與天理不相合，便於誠有一毫未至。

此見人與天合，心與理合，惟聖人始到此境界。其他人，則須擇善固執，實明是善，實得是善，此乃人道所當然，亦即希聖希天之學之所始。

> 或問：意者聽命於心。今曰欲正其心，先誠其意，意乃在心之先矣。曰：心字卒難摸索。心譬如水，水之體本澄湛，卻為風濤不停，故水亦搖動。必須風濤既息，然後心之體靜。人之無狀污穢，皆在意之不誠。必須去此，然後能正其心。

此說大學欲正其心先誠其意之義。意之所發，則必求其與實理之誠相合一，而後始謂之誠。然苟知有未至，則此誠難於驟達。惟問我之斯意誠慤與否，則在人自無不知。苟能確然去其不誠而存其誠，然後乃有漸從誠慤之誠以達於實然之誠之境界。此乃人生修養一必然途徑。

朱子又曰：

> 知至而後意誠，須是真知了方能誠意。知苟未至，雖欲誠意，固不得其門而入。惟其胸中了然知得路徑如此，知善之當好，惡之當惡，自然意不得不誠，心不得不正。

此說大學先格物致知而後意誠之義。知至而後意誠，乃是一種自然境界，亦可謂是一種終極境界。今日知到這裡，今日即行到這裡，乃是一種當下工夫。故陽明致良知之教，亦舉誠意為綱宗。惟

陽明只言當下工夫，朱子兼及最後境界，此其異。

朱子在易簀前三日，猶改定其大學章句之誠意章，此事為後世所傳誦。玆節錄其注文如次。

誠意者，自修之首也。欲自修者，知為善以去其惡，則當實用其力，而禁止其自欺。使其惡惡則如惡惡臭，好善則如好好色，皆務決去而求必得之，以自快足於己，不可徒苟且以徇外而為人也。然其實與不實，蓋有他人所不及知而己獨知之，故必謹於此以審其幾焉。

陽明言格物與朱子異，其言誠意，則實與朱子此注無異。明末王學殿車劉宗周蕺山，改言慎獨，亦即朱子此章注中意。朱子既言誠意為自修之首，與王學宗旨實相契合。惟王學言良知，主心即理，更不要方法工夫。二程說誠，則專言實理之誠，不言誠慤之誠，又似偏重在理，未說到人心。朱子終始本末，一以貫之。天人兼顧，心理並重。互發相足，最為細密而圓滿。故自其論誠意又當進而究其論格物，乃可以窺朱子思想之大全。

又按朱子易簀三日前改大學誠意章，所改實非如前之所引。其所改，乃在大學誠意二字之最先見處，所改只有三字。今再錄其注如下：

誠實也。意者，心之所發也。實其心之所發，欲其必自慊而無自欺也。

此注中必自慊三字，本為一於善三字。一於善，已達誠意最後境界，非格物致知不能到。必自慊，則當下自知，不必定要到達心即理之境界，而人心自知有自慊與不自慊之別。朱子又曰：

> 如好好色，如惡惡臭，如此便是自慊，非謂必如此而後能自慊。

自慊即是不自欺。朱子又言：

> 須知即此念慮之間，便當審其自慊自欺之向背，以存誠而去偽。不必待其作姦行詐，干名蹈利，然後謂之自欺。

如此發揮，真可謂善言人心，備極理要。只此一念之微，而希聖希天之路脈已昭朗如在目前。

朱子又舉濂溪通書誠幾德一章說之云：

> 誠無為，只是自然有實理恁地。幾善惡，便是心之所發處有善有惡了。德便是善底，為聖為賢，只是此材料做。

又曰：

> 通書說箇幾字，近則公私邪正，遠則廢興存亡，只於此處看破，便斡轉了。此是日用第一親切工夫，精粗隱顯，一時穿透。

此處誠屬天地境界，德屬人生境界。德與誠一，即是人與天合，心與理合。關鍵則在幾字上。幾是一心動處，善惡由此歧，天人由此分。雖曰微奧難覩，實則親切易知。工夫只在此。中庸曰自明誠，為人道，此幾即是人心一點明處。朱子通書解又云：

> 誠無為，實理自然，何為之有，即太極也。幾善惡，幾者，動之微，善惡之所由分也。蓋

動於人心之微，則天理固當發見，而人欲亦已萌乎其間矣，此陰陽之象也。以人心上擬宇宙，人心亦一太極，動處便見陰陽，要人自作斡旋，自掌造化，精密邃深，包含宏大，學者大須深參。

（十四）

上兩章，一略述朱子論心之仁，一略述論朱子論心之誠。仁之與誠，乃天之所賦於人而為心，亦可謂是心之本體。然而心多有不仁不誠之時，甚至有不仁不誠之人，此則必有害其仁與誠者。繼此當略述朱子之天理人欲論。

理學家無不辨天理人欲，然天理人欲同出一心，此亦一體兩分兩體合一之一例。朱子論陽不與陰對，善不與惡對，天理亦不與人欲對。朱子曰：

人欲隱於天理中，甚幾甚微。

有箇天理，便有箇人欲。蓋緣這箇天理須有箇安頓處。才安頓得不恰好，便有人欲出來。

人欲便也是天理裡面做出來。雖是人欲，人欲中自有天理。

又曰：

人生都是天理，人欲卻是後來沒巴鼻生底。

天理人欲，正當於其交界處理會，不是兩箇。

胡宏五峰說：天理人欲，同體而異用，同行而異情。朱子不喜其上一語，而極讚其下一語，謂此語甚好。因說：

飲食者，天理也。要求美味，人欲也。

要求美味，也還是飲食，故說同行。但要求飲食是自然。人同此心，心同此理。要求美味，則不是人人如此。所謂美味，亦人各不同。此中便夾帶有私欲。故說是異情。同是飲食，一為饑渴，一為美味，求美味，其先還是從求解饑渴來，故曰人欲即隱在天理中，又說人欲中自有天理。惟為求美味，往往易於把飲食一事安頓得不恰好。若飲食兼求美味，而又能把來安頓得恰好，則自亦無所謂人欲。但不能說兩者同體。因人心之體本屬至善，只是一自然，只是一天理，不能說天理人欲同來合湊成一體。天理先在，人欲後起，如何忽然有人欲後起，朱子則說是沒巴鼻生底，那是說無來由底。若人欲皆有來由，那便即是天理，更無所謂人欲。又說

善惡皆是理，惡是指其過處。如惻隱之心本是善，纔過便至於姑息。羞惡之心本是善，纔過便至於殘忍。

心之惻隱羞惡，皆由天生，故是至善天理。但稍微過了分，便成姑息殘忍，便成了惡，因此中已夾雜了人欲。但人欲還是無端而起，不能亦謂之由天生。此處只細參朱子理氣論，則其義自見。

朱子又言：

以理言，則正之勝邪，天理之勝人欲，甚易。而邪之勝正，人欲之勝天理，若甚難。以事言，則正之勝邪，天理之勝人欲，甚難。而邪之勝正，人欲之勝天理，卻甚易。正如人身正氣稍不足，邪便得以干之。

又說：

以理言，人欲自勝不過天理。以事言，則須事事去人欲，存天理，非一蹴即幾，一下即成。

此處理與事分言，理屬宇宙界，事屬人生界，亦略如其理氣分言，備見精密。明道有云：只天理二字，是我自家體貼出來，一時理學後起，遂群爭指認天理，朱子甚不贊成。朱子說：

聖人平日，也不曾先說箇天理在那裡，方教人做去湊。只是說眼前事，教人平平恁地做工夫。

要先見箇天理在前面，方去做，此正是病處。若把這天理放不下，相似把一箇空底物，放這邊也無頓處，放那邊也無頓處，放這邊也恐攧破，放那邊也恐攧破。那天理說得蕩漾，似一塊水銀，滾來滾去，捉那不著。又如水，不沿流泝源，合下便要尋其源，鑿來鑿去，終是鑿不著。

理學家張揚言理之病，被朱子在此盡情道破。朱子說：

只就這心上理會，也只在日用動靜之間求之，不是去虛中討一箇物事來。

朱子教人，不要在懸空中討認天理，只就心上理會，只在日用之間此心天理人欲之交界處來理會。只在事事物物中，此心之一動一靜處來理會。此一意見，可與上面論心論誠兩章參讀。

朱子既不贊成憑空討認天理，也不贊成一味克治私欲。他說：

天理在人，亘萬古而不泯，無時不自私意中發出。只於這箇道理發見處當下認取，簇合零星，漸成片段。所謂私欲，自然消靡退散，久之不復萌動。若專務克治私欲，而不能充長善端，則吾心所謂私欲者，日相鬥敵，縱一時按伏得下，又當復作。初不道隔去私意後，別尋一箇道理主執而行。才如此，又只是私意。只如一件事，見得如此為是，如此為非，便從是處行將去，不可只恁休。誤了一事，必須知悔。只這知悔，便是天理。

此種指點，深中人心消息隱微，亦是洞見天理生機活潑，人人易知，人人能行，又何必更多張皇。

又曰：

學者須先置身於法度規矩中，使持於此者足以勝乎彼，則自然有進步處。若自無措足之地，而欲搜羅抉剔於思慮隱微之中，以求所謂人欲之難克者而克之，則亦代翕代張，沒世窮年，而不能有以立。

自內心言，則曰於發見處當下認取。自外行言，則曰先置身於法度規矩中。內外交相養，則天理自易長，人欲亦易消，轉移正如一翻手之易。又曰：

說復禮，即說得著實。若說作理，則懸空是箇甚物事。

復禮即是置身法度規矩中，豈不著實，可守可循。若懸空說箇存天理，則究何者謂之是天理，又如何存法，皆易起爭辨，使人難從。

若謂天理難見，此又不然。朱子又曰：

聖人千言萬語，只是說箇當然之理。恐人不曉，又筆之於書。只就文字間求之，句句皆是。做得一分便是一分工夫，非茫然不可測。

就內面言，則此心縱在私欲中，天理亦自會時時發露。就外面言，則有禮法可循，有文字可玩，天理亦隨處隨事而見。朱子只教人各就自家日常生活中討取，平平恁地做工夫。莫要憑空求討天理，亦莫要一意搜剔私欲。立言平實深到，後人乃謂宋儒以理殺人，又要泯去天理人欲分別，更有認放縱人欲即是天理者。人之私欲，尚不能一意專務克治，又況要一意提倡與放任。

（十五）

人心道心，與天理人欲，幾乎是異名而同指。上章略述朱子之天理人欲論，本章繼述朱子之道心人心論。

人心惟危，道心惟微，惟精惟一，允執厥中，此十六字見於偽古文尚書大禹謨，亦見於荀子書中所稱引之道經。宋代理學家極重視此十六字，下及明代，則稱之為十六字傳心訣。此如天理人欲兩語，亦僅見於小戴禮記中之樂記篇。此篇或尚出偽古文尚書與荀子之後。今專為研討宋儒理學思想，當探問理學家如何解釋與運用此諸語，卻不必過重在此諸語上辨論其出處。

朱子論人心道心，暢發其義於中庸章句序，其言曰：

心之虛靈知覺，一而已矣，而以為有人心道心之異者，則以其或生於形氣之私，或原於性命之正，而所以為知覺者不同。是以或危殆而不安，或微妙而難見耳。人莫不有是形，故雖上智不能無人心。亦莫不有是性，故雖下愚不能無道心。二者雜於方寸之間，而不知所以治之，則危者愈危，微者愈微，而天理之公，卒無以勝夫人欲之私矣。一則守其本心之正而不離，從事於斯，無少間斷，必使道心常為一身之主，而人心每聽命焉，則危者安，微者著，而動靜之為，自無過不及之差矣。

序中又涉及傳心傳道之語，謂所以傳聖人之道者，貴在傳聖人之心。此心雖有人心道心之別，卻同是一心，非有兩心。故曰雖上智不能無人心，雖下愚不能無道心。惟一則原於性命之正，一則生於形氣之私，此則猶是理氣分言之意。

朱子又言：

> 凡學須要先明得一箇心，然後方可學。
>
> 人之所以為學者，以吾之心未若聖人之心故也。若吾之心即與天地聖人之心無異，則尚何學之為。

堯舜禹之相傳授，雖曰傳道，實亦只是傳心，主要乃在傳此心之道心。或人問所謂形氣，如口耳鼻目四肢之屬，皆是人人共有，豈得便謂之私？朱子說：

> 但此屬自家私有底，不比道，便公共。故上面有箇私底根本。且如危，亦未便是不好，只是有箇不好底根本。

人生界有許多私，許多危而不安，則都從私上來。此私字有一根本，即在各自底形氣上。

> 如飢飽寒暖之類，皆生於吾身血氣形體，而他人無與，所謂私也。亦未能便是不好，但不可一向徇之。

或人又問：不知是有形氣便有這箇人心否？朱子說：

> 有恁地分別說底，有不恁地分別說底。如單說人心，則都是好。對道心說著，便是勞攘物事，會生病痛。

此正說人心道心只是一體兩分，又是兩體合一。若只說氣，則宇宙只是此一氣，此氣那有不好。

但若分說理氣，則氣字地位自見差了些。若只說心，則此心乃天地自然所賦，那有不好。但若分說人心與道心，則人心地位也自見差些。

朱子又說：

> 飢寒痛痒，此人心也。惻隱羞惡是非辭讓，此道心也。雖上智亦同。必使道心常為一身之主，而人心每聽命焉，乃善。

又說：

> 其覺於理者，道心也。其覺於欲者，人心也。

或問前輩多云：道心是天性之心，人心是人欲之心，今如此交互取之，當否？天性之心與人欲之心是明分了兩心。今說此心覺於理覺於欲，則仍只是一心。或人疑朱子把人心道心分別得不嚴。朱子答之云：

> 既是人心如此不好，則須絕滅此身，而後道心始明。且舜何不先說道心，後說人心？

又云：

> 人心是此身有知覺有嗜欲者，感於物而動，此豈能無。但為物誘而至於陷溺，則為害耳。故聖人以為此人心有知覺嗜欲，然無所主宰，則流而忘反，不可據以為安，故曰危。道心則是義理之心，可以為人心之主宰，而人心據以為準者，故當使人心每聽道心之區處方可。

然此道心卻雜出於人心之間，微而難見，故必須精之一之，而後中可執。然此又非有兩心也，只是義理與人欲之辨爾。

又曰：

釋迦是空虛之魁，饑能不欲食乎？寒能不假衣乎？能令無生人之所欲者乎？雖欲滅之，終不可得而滅。

此處說生人之所欲不可滅。但當知，說生人之所欲，與說人欲又不同。故曰：

人心不全是人欲。若全是人欲，則豈止危而已哉。只飢食渴飲，目視耳聽之類。

此謂飢食渴飲目視耳聽之類，皆是人心，但非即是人欲。若不見道理，因於形骸之隔而物我判為二，則易於自私，易於陷溺入人欲中。

朱子又曾說：

道心猶柁也。船無柁，縱之行，有時入於波濤，有時入於安流，不可一定。惟有一柁以運之，則雖入波濤無害。

此說似是淺譬而喻，使人言下明白得道心人心之區別。但朱子後來即不贊成自己這一說。因若如此說之，則道心為主宰，人心供運使，在一心中明明有了兩心對立。朱子論宇宙，理氣非對立。論理，善惡非對立。論氣，陰陽非對立。凡說成兩體對立者，皆非朱子說。故人心道心，非有兩心，只是在一心中有此區別。此一區別，貴能渾化，不貴使之形成敵對。故曰：

有道理底人心，便是道心。

又曰：

以道心為主，則人心亦化為道心。如鄉黨篇所記飲食衣服，本是人心之發，然在聖人分上，則渾是道心。

可見宇宙生人，並非與了人一道心，又與人一人心。聖人之心，則渾是一道心，更不見有人心。故能達到人與天合，心與理合之境界。今把此心分為道心人心二者說之，不過要人較易明白此心體，卻不是說真有了兩箇心。朱子思想，儘多先後遞變處，在先如此說，在後或如彼說，大抵總是後勝於前，此乃朱子自己思想之轉進。然此亦成為研究朱子思想一難題。因朱子文集語類乃及其他著作分量太多，一一分別其年代先後，一一對勘其義理異同，事甚不易。此處只是姑舉一例。凡朱子辨人心道心，略具如上，可謂明白而允貼。取與其辨天理人欲者相闡，當益可得其旨意所在。

（十六）

以上略述朱子論心性，論心之仁與誠，論天理與人欲，人心與道心，凡此諸章，皆是指陳心體。人因賦有此心體，故能到達心與理合人與天合之境界。在各章中，已屢次涉及工夫即修養方法之一面。工夫必與本體相關。有此本體，始得有此工夫。亦因有此工夫，始得完成此本體。此亦是一而二、二而一者。大體言之，理學諸儒，於本體上爭論尚較少，在工夫上，在修養方法上，則分歧較多。此下當繼續略述朱子在工夫上，即修養方法上之各論點。所謂工夫與修養，則必一一歸本於此心，此層可不煩再論。首當略述朱子之論敬。

朱子說：

> 聖人言語，當初未曾關聚，到程子始關聚出一箇敬來教人。因歎敬字工夫之妙，聖學之所以成始成終者皆由此。

又曰：

> 敬字工夫，乃聖門第一義，徹頭底尾，不可頃刻間斷。
>
> 敬之一字，真聖門之綱領，存養之要法。一主乎此，更無內外精粗之間。
>
> 伊洛拈出此字，真是聖學真的要妙工夫。
>
> 程先生所以有功於後學者，最是敬之一字有力。

可見朱子言敬，乃是直承二程傳統。今再分述朱子論敬諸涵義如次。

一曰敬只如畏字相似。朱子說：

又曰：

敬有甚物，只如畏字相似。只是收斂身心，整齊純一，不恁地放縱。

莫看得戒謹恐懼太重。道著敬字已是重了。只略略收拾來，便在這裡。

二曰敬是收斂，心中不容一物。此是程門弟子尹焞和靖之說。朱子說之曰：

只是收拾自家精神專一在此。

有所畏謹，不敢放縱。

常要此心在這裡。

此說收斂義。又曰：

心主這一事，不為他事擾亂，便是不容一物。

此說不容一物義。心有有事時，有無事時。無事，則此心便應專一在此無事上。若遇這事，心想那事。遇無事，心想有事。遇有事，又想無事。皆是不專一，心成兩路。朱子又說：

凡是安排要恁地，便不得。如人立心要恁地嚴毅把捉，少間只管見這意思，到不消恁地處也恁地，便拘逼了。

又說：

人心如一箇鏡，先未有一箇影像。有事物來，方始照見妍醜。先有箇影像在，如何照得。

三曰主一之謂敬。此伊川之說。朱子說之曰：

心廣大如天地，虛明如日月。要閑，心卻不閑，隨物走了。不要閑，心卻閑。有所主。

此謂有所主則無是弊。伊川說：人心有主則實，無主則虛。又一說卻曰：有主則虛，無則實。朱子說之曰：

有主則實，指理言。無主則實，主私欲言。以理為主，則此心虛明，一毫私意著不得。

又曰：

常使截斷嚴整之時多，膠膠擾擾之時少，方好。

四曰敬須隨事檢點。敬義夾輔，亦伊川說。朱子說之云：

行篤敬，執事敬，敬本不為默然無為時設。

敬須該貫動靜。方其無事而存主不懈，是敬。及其應物而酬酢不亂，亦敬。

又曰：

有死敬，有活敬。若只守著主一之敬，則不活。須敬義夾持，循環無端，則內外透徹。

又曰：

居敬窮理，二者不可偏廢。

五曰敬是常惺惺法。此是程門謝良佐上蔡之說。朱子說之云：

> 靜中有箇覺處，只是常惺惺在這裡。
>
> 惺惺乃心不昏昧之謂。
>
> 或問謝氏常惺惺之說，佛氏亦有此語。曰：其喚醒此心則同，而其為道則異。吾儒喚醒此心，欲他照顧許多道理。佛氏則空喚醒在此。

六曰敬是整齊嚴肅。此亦是伊川說。朱子說之云：

> 今人論道，只論理，不論事。只說心，不說身。其說至高，而蕩然無守，流於空虛異端之說。固其內是本，外是末，但偏說存於中，不說制於外，則無下手腳處。

上舉六說，其實只說一敬字，六說可相會通。強加分別，則轉成拘礙。

明道又說，敬則自然和樂。朱子說之曰：

> 禮主於敬，樂主於和，此是異用。皆本之於一心，是同體。然敬與和亦只是一事。敬則和，和則自然敬。

又曰：

> 和是碎底敬，敬是合聚底和。
>
> 謂敬與和是一理亦說得，然言心卻親切，敬與和皆是心做。自心而言，則心為體，敬和為用。以敬對和而言，則敬為體，和為用。

所謂樂者，亦不過謂胸中無事，而自和樂耳。非是著意放開一路而欲其和樂也。欲胸中無事，非敬不能。

伊川又謂涵養須用敬，進學則在致知。朱子說之曰：

主敬二字，須是內外交相養。人心活物，吾學非比釋氏，須是窮理。

又曰：

主敬窮理雖二端，其實一本。

持敬是窮理之本。窮得理明，又是養心之助。

又曰：

聖人指示為學之方，周遍詳密，不靠一邊，故曰敬義立而德不孤。若只恃一箇敬字，更不做集義工夫，其德亦孤立而易窮矣。

又曰：

苟不從事於學問思辨之間，但欲以敬為主，而待理之自明，則亦沒世窮年而無所獲矣。

朱子言敬，承自二程，但尤有契於伊川敬義夾持，涵養致知，居敬窮理兩途並進之說。伊川亦言未有致知而不在敬者，但與說只敬便知自致理自窮不同。朱子自認就二程思想言，自己尤接近伊川，大要即指此等處。同時陸九淵象山，深不喜伊川，而於明道無間辭。其反對朱子，亦正在此等處。

大抵漢以下諸儒，因於統一盛運之激動，都更注重在修齊治平之實際事務上，較少注意到本源心性上。魏晉以下，莊老道家代興，釋教繼之傳入，他們在兩方面成績上，似乎超過了漢儒。一是有關宇宙論方面，漢唐儒闡發似乎較弱，故朱子採取濂溪橫渠康節三人之說以補其缺。其二是關於心性本源方面，尤其自唐代禪宗盛行，關於人生領導，幾全入其手。儒家造詣，似乎更見落後。北宋理學在此方面更深注意。二程提出敬字，舉為心地工夫之總頭腦，總歸聚處，而朱子承襲之。但程門言敬，頗不免染及禪學，如謝上蔡以覺訓仁，以常惺惺說敬，皆有此弊，朱子亦已隨時加以糾正。尤其言心性本源，亦不能捨卻外面事物，故朱子力申敬不是塊然兀坐，不是全不省事，須求本末內外之交盡，則致知窮理工夫，自所當重。不能單靠一邊，只恃一敬字。此是朱子言敬最要宗旨所在。

（十七）

宋明理學家言心地修養，或主敬，或主靜，二者同屬重要。上章略述朱子論敬，此章續述朱子論靜。

朱子從學於李侗延平，但於延平默坐澄心之教，頗不相契。因曰：

又曰：

只為李先生不出仕，做得此工夫。若是仕宦，須出來理會事。

若一向如此，又似坐禪入定。

朱子於二程教人靜坐，亦有辨解。

因舉明道教上蔡且靜坐，彼時卻在扶溝縣學中。明道言，賢只是聽某說話，更不去行。上蔡對以無可行處。明道教他且靜坐。若是在家，有父母合當奉養，有事務合當應接，不成只管靜坐休。

又曰：

伊川亦有時教人靜坐，然孔孟以上卻無此說。

又曰：

游氏守靜以復其本，此語有病。守靜之說，近於佛老，吾聖人卻無此說。

可見朱子對於程門相傳靜坐工夫，乃及守靜澄心諸說，實頗不重視，抑且言外時露反對之意。

主靜之說，始於周濂溪之太極圖說，朱子說之曰：

濂溪云：定之以中正仁義而主靜。中與仁是發動處，正是當然定理處，義是截斷處。常要主靜。豈可只管放出，不收斂。

又曰：

濂溪言主靜，靜字只好作敬字看，故又言無欲故靜。若以為虛靜，則恐入釋老去。聖人定之以中正仁義而主靜，正是要人靜定其心，自作主宰。程子又恐只管靜去，遂與事物不相交涉，卻說箇敬，云：敬則自虛靜，須是如此做工夫。

又曰：

敬則虛靜，不可把虛靜喚作敬。

敬則自然靜，不可將靜來喚做敬。

是虛靜可分兩面看。一則其心收歛，不容一物，無欲故靜，由此以為致知窮理之地，故曰敬則自虛靜。一則專靠此一邊，不再加以致知窮理工夫，則近於釋老，終自要不得。朱子力尊濂溪太極圖，以為二程之學所自出。然於靜敬二字之輕重上，則寧取二程。

又曰：

動靜無端，陰陽無始，天道也。始於陽，成於陰，本於靜，流於動者，人道也。然陽復本於陰，靜復根於動，其動靜亦無端，其陰陽亦無始。則人蓋未始離乎天，而天亦未始離乎人也。

濂溪之主靜立人極，此就人生界言。然人生界終是在宇宙界中，人極終自在太極之內，不能自外於太極。龜山道南一派偏主靜，五峰湖湘一派偏主動，朱子皆所反對。二程主敬，敬兼動靜，然專一主敬，朱子亦所反對。又有辨者。有動靜相對之靜，有主靜立極之靜。主靜立極之靜，乃是心體，非心工夫，朱子稱之曰此心湛然純一。然又必曰：

直到萬理明徹之後，此心湛然純一。虛明洞徹，無一毫之累。

此則在境界上說，非工夫上語。朱子言主靜，大意如此。後人遵守濂溪主靜之說者，若依朱子言，乃是未得濂溪之本意也。故朱子非不言靜，惟所言各有所指，各有分際，學者當分別細觀。

朱子又說：

便是虛靜，也要識得這物事。如不識得這物事時，則所謂虛靜，亦是箇黑底虛靜，不是箇白底虛靜。而今須是要打破那黑底虛靜，換做箇白底虛靜，則八窗玲瓏，自無不融通。不然，則守定那黑底虛靜，終身黑淬淬地，莫之通曉。

所謂識得這物事者，即是說要識得此心。朱子屢言心是活物，又言心是虛明靈覺，可容萬理萬物。朱子不要黑底虛靜，猶如說不要死底敬，此等分辨，皆當細參。

郭德元告行，先生曰：人若於日間閑言語省得一兩句，閑人客省見得一兩人，也濟事。若渾身都在鬧場中，如何讀得書。若逐日無事，有現成飯喫，用半日靜坐，半日讀書，如此一二年，何患不進。

朱子文集語類合共兩百八十卷，半日靜坐，半日讀書，惟此一見。乃對郭德元一人言之，其人殆是逐日無事喫現成飯者，故朱子教之且如此一二年，不怕無進步。清儒顏元習齋專拈此作詆訕，認為朱子以此八字教人，此乃習齋自己心不虛靜，連黑底虛靜也沒有，故而鬧此意氣。

（十八）

以上兩章，略述朱子論敬論靜。宋明理學家言心地修養，主要即在此兩字。此下當續述朱子論心地修養工夫之其他方面，首當略述其論心之已發未發與涵養察識工夫者。

自伊川有中庸為孔門傳授心法之說，楊龜山以下至李延平，相傳以默坐澄心，觀喜怒哀樂未發以前氣象為宗旨。朱子從學延平，乃自始即於其默坐澄心之教不加深契。及延平卒後，朱子追尋師說，有孤負教育之意，每一念此，未嘗不愧汗沾衣之語。而伊川又有凡心皆屬已發之說，湖湘學者從之，遂主先察識，後涵養，與龜山延平一脈適處相反地位，朱子因又親赴長沙，與張南軒討論兩月而歸，又繼之以書問往返。最先朱子折從南軒，亦主人心大體莫非已發，於延平默坐澄心以觀大本之教顯又放棄。但此下屢經轉變，始主已發未發，兼顧交修，融會湖湘與道南之兩派，而自創新義，乃曰恨不得奉而質之李氏之門，然以先生所已言者推之，知其所未言者或不遠矣。此乃朱子斡旋師門之自信語。朱子彙集其與南軒往復諸書，合為一編，稱之曰中和舊說。此諸書，雖為未臻定論前之意見，然其以工夫證驗本體，剖析精微，悟解親切，玩研心體，指陳其親證實體之經過，曲折詳明。此下理學諸儒，對此諸書，皆甚重視。因其於辨認心體工夫上指示綿密，可供尋索。惟此處不再重述，此下乃其獲得結論後之所云。

朱子有與湖南諸公論中和書，大意謂：

思慮未萌，事物未至之時，為喜怒哀樂之未發。當此之時，即是此心寂然不動之體。以其無過不及，不偏不倚，故謂之中。及其感而遂通天下之故，則喜怒哀樂之情發焉，而心之用可見。以其無不中節，無所乖戾，故謂之和。然未發之前，不可尋覓。已發之後，不容安排。但平日莊敬涵養之功至，而無人欲之私以亂之，則其未發也，鏡明水止，而其發也，無不中節矣。此是日用本領工夫。至於隨事省察，即物推明，亦必以是為本，而於已發之際觀之，則其具於未發之前者，固可默識。

至是始確然提出程門敬字，奉為修養要法，以為持敬之功，貫通乎動靜之際，而曰：

靜中之動，非敬孰能形之。動中之靜，非敬孰能察之。

又曰：

未發之前是敬，固已立乎存養之實。已發之際是敬，又常行於省察之間。

乃以一敬字雙綰已發未發涵養省察而求工夫之一貫。至於先涵養後省察之意，亦已於上引文中見之。

但中庸原文，明指喜怒哀樂之已發與未發，今所討論，則已越出乎喜怒哀樂之外，而直指心體以為言。伊川又說，纔說知覺便是動。朱子云：

此恐說得太過。若云知箇甚底，覺箇甚底。如知得寒，覺得煖，便是知覺一箇物事。今未曾知覺甚事，但有知覺在，何妨其為靜。不成靜坐只是瞌睡。

知覺乃是心體，有箇知覺，但非知覺了甚麼，此乃心體未發時，只可謂之靜中有動，不可謂纔說知覺便是動，則又將成為心無未發。

朱子又一條云：

未發之前，須常恁地醒，不是瞑然不省。若瞑然不省，成甚麼大本。問：常醒便是知覺否？曰：固是知覺。知覺固是動否？曰：固是動。然知覺雖是動，不害其為未發，若喜怒哀樂則又別。

此條與上條不同。上條云有知覺何妨其為靜，此條云知覺固是動。然此差異，無關宏旨，其謂心有知覺，仍屬未發則一。然則如何乃可以謂之已發？伊川又云：纔思即是已發。朱子於此甚加讚許，謂此意已極精微，說到未發界至十分盡頭。因曰：

心之有知，與耳之有聞，目之有見，為一等時節，雖未發而未嘗無。心之有思，與耳之有聽，目之有視，為一等時節，一有此則不得為未發。

此等分別，顯已越出中庸原書本旨甚遠。凡宋代理學家辨認心體，不得不謂乃是受了唐代禪宗之影響。伊川中庸為孔門傳授心法之語，亦可謂是從禪學轉來。但謂理學受禪宗影響則可，謂理學即是禪學則大不可。此下再當論及朱子闢禪語，乃可明白到此兩者間之區別。

（十九）

以上略述朱子論已發未發以及涵養之與省察。凡朱子論心地修養，如敬如靜，如本章所論，隨時常戒人勿誤近禪學。其於他人言，凡朱子認為有誤近禪學之嫌者，又必駁擊澄清，剖辨不遺餘力。蓋朱子自幼即涉禪學，及晤李延平，始一意專讀儒書。然以其所得，反觀延平，乃及程門相傳，則頗有儒釋混淆，未經別白之處。故朱子於北宋理學諸儒所言心地修養工夫，其糾彈處尤多於闡發處。其為儒釋分疆劃界，使理學一歸於儒學之正統，朱子在此方面之貢獻，至為碩大。即二程所言，朱子亦復時有匡正。如言敬，朱子則言不可專靠一邊。而朱子晚年，則頗似有另標新說，取以代程門言敬之地位者。此層在朱子並未明白直說，要之似不可謂無此傾向。此下當略述朱子之論克己。

朱子有言：

> 君子之學，所以汲汲於求仁。而求仁之要，亦曰去其所以害仁者而已。夫子之所以告顏淵者，亦可謂一言而舉。

此處朱子提出論語孔子告顏淵以克己，以為求仁之要，一言而舉，此意當在其辨已發未發而提出程門敬字之後。又曰：

> 致知、敬、克己此三事，以一家譬之，敬是守門戶之人，克己則是拒盜，致知卻是去推察自家與外來底事。

此處於伊川涵養用敬，進學在致知兩項外，特增入克己一項，幾於如鼎足之有三。又曰：

> 敬如治田而灌溉之功，克己則是去其惡草。

> 或問夫子答顏子仲弓問仁之異，曰：此是各就他資質上說。持敬行恕便自能克己，克己便自能持敬行恕，不必大段分別。

此謂就資質上言，而朱子意，則渭顏淵資質高遠仲弓，其意自更重在克己一邊。故曰：

> 仲弓主敬行恕，是且涵養將去，是非猶未定。涵養得到一步，又進一步，方添得許多見識。克己復禮，便剛決克除將去。

此條言涵養用敬，闡解極深入，最當細玩。僅言主敬，則是非未定，故涵養必兼之以察識，居敬必兼之以窮理。若言克己復禮，則義歸一路，更不須分作兩截，逐漸添入。論語集注此章有曰：

愚案：此章問答，乃傳授心法切要之言。非至明不能察其幾，非至健不能致其決。故惟顏子得聞之，而凡學者，亦不可不勉。

伊川以中庸為孔門傳授心法，此注乃以論語孔子告顏淵問仁語為傳授心法切要之言，顯已把孔門心法轉移了地位。伊川又言：敬便無己可克。朱子先亦引其說，稍後則謂敬之外亦須兼用克己工夫，更後乃謂克己工夫尚在主敬工夫之上。關於此，朱子思想顯有三變。然凡朱子立言創闢處，每不易見。論語集注此條，特加愚按二字，見其非有所承。然此下又引伊川四箴，而曰發明親切，學者尤宜深玩，則見己意仍是一仍二程。故凡粗心讀朱子書者，每不易見朱子立言之自有所創闢。

集注又曰：

愚案：克己復禮，乾道也。主敬行恕，坤道也。顏冉之學，其高下淺深於此可見。

學者誠能從事於敬恕之間而有得焉，亦將無己之可克矣。

此條亦加愚案二字，皆見朱子於此乃自出己見，非前有所承。然其下又繼之曰：

此則又承伊川說。此等處，惟見朱子思想之博大會通，固非意存迴護，亦非故為依違。

朱子又曰：

敬是涵養操持不走作，克己則和根打併了，教它淨盡。

克己復禮，是剛健勇決，一上便做了。若所以告仲弓，是教他平穩做去，慢慢地消磨。譬如服藥，克己者要一服便見效。敬恕者，漸漸服藥，磨去其病。克己復禮，是截然分別箇天理人欲，是則行之，非則去之。敬恕則猶是保養在這裡，未能保它無人欲在。

克己復禮，如撥亂反正。主敬行恕，如保泰持盈。二者自有優劣。

仲弓如把截江淮，顏淵如欲服中原。

仲弓是防賊工夫，顏淵是殺賊工夫。

顏子如將百萬之兵，操縱在我，拱揖指揮如意。仲弓且守本分。

顏子之於仁，剛健果決，如天旋地轉，雷動風行做將去。仲弓則斂藏嚴謹做將去。

顏子如漢高祖，仲弓如漢文帝。

乾卦從知處說來，坤卦只從持守處說，只說得一截。如顏子克己復禮工夫，卻是從頭做起來。定先要見得，見得後卻做去，大要著手腳。仲弓卻只是據見成本子做，只是依本畫葫蘆，都不問那前一截。向時陸子靜嘗說，顏子不如仲弓，而今看著，似乎是克己復禮底較不如那持敬行恕的較無事。但克己復禮工夫較大，顏子似創業之君，仲弓似守成之君。仲弓不解做得那前一截，只據現在底道理持守將去。

上引有幾項當特加注意者。一是朱子心中所想像之顏子，乃與東漢以下迄於北宋理學諸儒所想像者有絕大之不同。朱子想像中之顏子，乃是剛健果決，具有一種極強之內力，能勇猛精進，如天旋地轉，雷動風行做將去。如將百萬兵，操縱在我，拱揖指揮如意。故朱子又說顏子決不是一衰善底人。其二，朱子批評主敬工夫只是持守，斂藏謹嚴做去，專是涵養不走作，也未能保得內心一無人欲之潛在。正如看守門戶，門外賊不易進入，但門內有賊，仍可躲藏。其三，朱子把宇宙本體分作乾坤兩項，乾道剛健，坤道柔和。乾道主知，能創，尚動進。坤道主守，尚順從，只是依本畫葫蘆，保養在這裡。故說乾道奮發而有為，坤道靜重而持守。乾道能創業，坤道只是繼體守成。乾道是上一截事，坤道只是下一截。宇宙界如此，人生界亦然。顏子工夫直做了上一截，仲弓只做得下一截。其四，當時理學家似乎反看重了仲弓那下一截，他們要自然，要無事，要不犯手腳。孔子告仲弓，出門如見大賓，使民如承大祭，己所不欲，勿施於人，在邦無怨，在家無怨，當時理學界，似乎特地喜歡那氣象與境界。至孔子告顏淵乃曰，非禮勿視，勿聽，勿言，勿動。似乎落在瑣碎處，枝枝節節，似乎處處有窒礙，要著手腳。不如仲弓，大體和粹無事。而且顏淵像從外面做，仲弓乃從內部做。當時理學界，都喜說內部，能較無事，不用力，不著手腳，不犯做作相，能渾然識得此體。因此，一般意見反而覺得顏子不如仲弓，即陸象山亦如此。象山又說，顏子不似他人樣有偏處要克。又說顏子不如仲弓。朱子則是更進一層，直入內心深處，直透到人心內在力量方面來欣賞顏子。所以說：

孔子答顏子處，是就心上說工夫，較深密為難。

顏子克己，如紅鑪上一點雪。

克己復禮，如火烈烈，則莫我敢遏。

夫子告顏淵之言，非大段剛明者，不足以當之。

又說：

克己別無巧法，如孤軍猝遇強敵，只得盡力捨死向前。

大率克己工夫，是著力做底事。

或問克者勝也，不如以克訓治較穩。曰：治字緩了。捱得一分也是治，捱得二分也是治。

勝便是打疊殺了它。

此等語，皆直看到人心內在一股力量處。所以看似細碎，實乃是總腦。看似犯手腳做作，實乃自然無事。

今試再問：顏子內心這一股力量，源頭從何處來？朱子則說從乾道上一截工夫來。故說：

顏子克己復禮工夫，卻是從頭做起來。是先要見得，見得後卻做去，大要著手腳。

乾道主知，先須見得。見得了又須做得。故朱子說顏淵，特提剛明二字，又說至健至明。若只據現成本子，只據現在底道理持守將去，那是無頭坤道，只在下一截，不去問那前一截。率直言之，既不算得是明，也不算得是剛。

說到此處，伊川所謂敬義夾持，涵養致知須分途並進，其實也還落在第二等。須如朱子所發揮顏子克己工夫，乃始有當於聖門為學之第一等工夫。朱子又說：

明道曰：質美者明得盡，渣滓便渾化，卻與天地同體。其次惟莊敬以持養。顏子則是明得盡者也。仲弓則是莊敬以持養之者也。及其成功一也。

此條極須善看。說顏子明得盡，但並不即是說渣滓便渾化，卻與天地同體。此下仍大要著手腳，仍須如天旋地轉，雷動風行般做將去。單說一明字，只落一邊，還得至剛至健。所以孔子說，為仁由己，而由人乎哉。此處還須有一番大作為。又曾有人問朱子，是否可把明道所言明得盡與莊敬持守分別顏子仲弓，朱子答以不必如此說。可見朱子意中，實認為明道所謂之明得盡，並非如其所想像中顏子之為人。

讀朱子書，當知須注意兩事。一須注意其立言先後，乃可明白其思想之轉變。一須注意其立言異同，乃可明白其言之或彼或此，各有所指，與其融和會通之所在。今再推而論之，則不僅宋明理學多偏在坤道上用功，都只欲持守一現成道理，現成本子。論其性格，似多近淳和一邊。即是漢唐儒，亦何莫不如此。惟漢唐儒乃以經學上之訓詁注疏工夫來認取此一現成道理，而理學家則從心地修養靜敬工夫來持守此一現成道理。要之皆是坤道下一截工夫。惟朱子論學，要抉發出此一至明至剛之心體，要從乾道知處從頭做下。今不論朱子闡發論語此章本義是否恰當。要之朱子理想中之顏子，與其理想中之聖學，則實在秦漢以下儒學傳統中獨開生面，迥不猶人。朱子實亦有意為儒學創出一新局面，亦要人天旋地轉雷動風行般去做。惜乎此後理學界，絕不能在此一方面深識朱子之用心。欲深識朱子此一番用心者，上面當看其聖人難為論，下面當看其格物致知論。兩面看入，庶易認取。

或說陽明致良知之學，亦重在存天理，去人欲，今日知到這裡，今日即行到這裡，將我之良知直直落落推致出去，豈不與朱子論顏淵克己復禮工夫相近。惟陽明撇棄了格物講致知，此知字限在不學而知之良知上。如見父自然知孝，見兄自然知弟，孝弟忠信儘做得盡，由朱子論之，也還是鄉里自好，至於善人君子之列而止。朱子重言仁，更勝過其言孝弟。朱子理想中之廣大心知，當與心之仁相配合，不僅與心之孝弟相配合。論語仁智並言，此下儒家中最富重智精神，能真達到孔子仁智並重之教者，實當推朱子為第一人。

此下有兩事當繼續申說：一曰克己復禮乃一件事，非兩件事。明道曾說，克己則私心去，自能復禮，雖不學文，而禮意已得，此便是把克己復禮分成兩件事說。朱子不謂然，有曰：如此等語，也說得忒高了。所謂說得忒高，其實便是說得有差。朱子又說：

> 釋氏之學，只是克己，更無復禮工夫。

世間有能克己而不能復禮者，佛老是也。佛老不可謂之有私欲。克己私了，卻空蕩蕩地，他是見得這理原不是當，克己了，無歸著處。

若但知克己，則下梢必墮於空寂，如釋氏之為。

是克己便是復禮，不是克己了方待復禮。不是做兩截工夫。

佛氏之學，超出世故，無足以累其心，不可謂之有私意。然只見它空理，不見實理。顏子克己復禮，便規模大，精粗本末，一齊該貫在這裡。

又曰：

克己是大做工夫，復禮是事事皆落腔窠。克己便能復禮，步步皆合規矩準繩，非是克己之外別有復禮工夫。

釋氏僅能克己，儒家則克去己私而不落空，事事皆落實在腔窠內，即事事有規矩準繩，此亦儒釋疆界。

第二事當辨者，復禮之禮不當以理字釋之。伊川有云：視聽言動，非禮不為，禮即是理。不是天理，便是私欲。人雖有意於為善，亦是非理。無人欲即是天理。朱子於此說，似不贊許，故曰：

克己復禮，不可將理字來訓禮字。見得禮，便事事有箇自然底規矩準繩。

只說理，都空去了。這箇禮，是那天理節文，教人有準則處。

理學家總不免過分重視了理，而輕視了禮。惟朱子時時加以分辨，謂禮即天理之節文，有規矩準繩，使人實可遵循。單言理，便易落空，教人無捉摸處。後來清儒常譏宋代理學家把理來替代了禮，至少不曾細讀朱子書。又清儒力斥朱子克己勝私之訓，謂克己只是勝己，謂由己來擔當。此乃過於爭持門戶，強立異說。勝己豈能解作由己？論語本章下文說由己，自與上文說克己有異，清儒並此文理而不辨。若只依清儒解釋，則亦並無方法可言。漢唐儒尚是依經解經，清儒則以門戶解經，宜其離經益遠。

（二十）

以上略述朱子論克己。此下當略述朱子論立志。

言居敬，言主靜，言已發未發涵養省察，皆不脫理學家氣味，皆須費許多言語解釋。言克己，言立志，則當下便易曉瞭，更不煩解釋，而徹上徹下，淺深本末，隨人自得，皆可持守奉行，減少了理學家之特有氣氛。朱子指點人修養方法，每進益平實，使理學成為一種常人之通學，此亦是朱子思想之日益轉進處。

朱子特拈立志一項，已在晚年。朱子有云：

又曰：

從前朋友來此，某謂不遠千里，須知箇趣向了，只是隨分為他說為學大概，看來都不得力。今日思之，學者須以立志為本。如說求復性命之本，求超聖賢之極致，須是便立志如此，便做去始得。若曰我志只是要做箇好人，識些道理便休，宜乎工夫不進。如顏子之欲罷不能，如小人之孳孳為利，念念自不忘。若不立志，終不得力。

又曰：

今之為學，須是求復其初，求全天之所以與我者，須以聖賢為標準，直做到聖賢地位，如此則工夫自然勇猛。若無必為聖賢之心，只見因循荒廢了。

看今世學者病痛，皆在志不立。五峰曰：為學在立志以定其本，居敬以持其志，此言甚佳。凡事須當立志。敬行乎事物之內，這是細密處。立志便要卓然在這事物之上。看是什麼都不能奪得它，又不恁地細細碎碎。

此處據胡五峰語來補居敬工夫之缺。居敬須有一本，此即學者之志。敬在事物之內，不免有細碎處，志則立乎事物之表，而為事物所不能奪，此一分別極關重要。

又曰：

世間千歧萬路，聖人為甚不向別路去，只向這一路來，志是心之深處。

志是心之深處一語，極堪研玩。理學家不言立志，皆由不瞭此義。又曰：

人不志學有兩種。一是全未有知，不肯為學。一是雖已知得，又卻道但得本，莫愁末了，遂不肯學。後一種古無此，只是近年方有。

無知便不能有志，此是常人之病。今說但得本，不愁末，此是知得錯了，此病卻是近年方有。此乃指陸學言。象山教人立志，朱子晚年亦教人立志，此見朱子肯兼取陸學之長。但陸學只言立志，不言學，故朱子特舉五峰說以救其弊。此見朱子之博采，亦見朱子立言，必斟酌而達於盡善之境。

朱子又說：

大抵閑時喫緊去理會，理會得透徹，到臨事時一一有用處。而今人多是閑時不喫緊理會，及到臨事時，又不肯下心推究道理，只是安於淺陋，所以不能長進，終於無成。大抵是不曾立得志，枉過了日子。

此謂閑時不喫緊理會，不僅陸學輕視學問有此弊，即專務居敬，不兼窮理，亦必有此病。而朱子盡把來歸在不曾立志上，此見朱子晚年思想之力趨簡易而又更達會通處。

朱子又說：

為學雖有階漸，然合下立志，亦須略見義理大概規模，於自己方寸間若有箇惕然愧懼，奮然勇決之志，然後可以加之討論玩索之功，存養省察之力，而期於有得。若但悠悠泛泛，無箇發端下手處，而便謂可以如此平做將去，則恐所謂莊敬持養，必有事焉者，亦且若存若亡，徒勞把捉，而無精明的確，親切至到之效。但如彼中，誠是偏頗，向日之言，正為渠輩之病，卻是賢者之藥，恐可資以為益。

此乃朱子與人書，彼中渠輩，指陸學言。徒尚立志，不務向學，誠是偏頗。然徒知莊敬持養，而不重立志，亦是有病。故朱子教人相資為益。後人徒言程朱言居敬，此皆未細讀朱子書，故不知朱子晚年思想之不斷有改進處。

朱子又曰：

讀不記，熟讀可記。義不精，細思可精。惟有志不立，直是無著手處。只如而今，貪利祿而不貪道義，要作貴人而不要作好人，皆是志不立之病。須究見病痛起處，勇猛奮躍，不復作此等人。一躍躍出，見得聖賢所說千言萬語都無一事不是實話，方始立得此志。就此積累工夫，迤邐向上去，大有事在。

此處所言，更切實，更懇到，意在指導初學入門，只舉立志一事。至謂立得此志，積累工夫，迤邐向上，大有事在者，則凡如上引居敬主靜涵養省察致知窮理皆是。然此志不立，則此等亦將全不可恃。當伊洛講學，風氣初開，其知慕嚮而來者，皆是有志之人。及朱子時，理學風氣已成，慕名嚮附，未必全屬真有志。及朱子晚年，應接既多，感觸日深，乃始揭出此立志二字，以為教導之本。而陸氏兄弟，亦始終為朱子所敬重，雖論學軌轍有異，而在朱子之意，則必欲相互講論，以求其能歸於一是。此等深情，後人論朱陸異同者，惜亦未能認取。

朱子又論志與意之分別有曰：

橫渠云：志公而意私，看這自說得好。志便清，意便濁。志便剛，意便柔。志便有立作意思，意便有潛竊意思。公自仔細看，自見得意多是說私意，志便說匹夫不可奪志。

意屬私，故須曰誠意。志則能立便得，更無有立偽志者。理學家中，惟朱子最善言心，而朱子言心，又常推稱橫渠。此等處，並不專在辨析文字訓詁，更要乃是在辨析心理情態。此等辨析，亦不僅在外面觀察，乃是從自己日常生活中親修密證而得。指示人心，極須明白如性與情，志與意，皆各有界分，各有路頭，須認得清楚，始能下工夫。工夫一錯，便又從此處影響及他處。那裡是只說存心盡心即可了事。惟朱子言心學工夫，最於理學家中為細密而周到，細看上列諸章自見。

（二十一）

以上分章略述朱子所論各項心學工夫，其言靜敬，言涵養省察，大體是承襲前人，而加以一番審辨與論定。其言克己與立志，則創闢新義，有未為北宋以來理學諸家所特加重視者。然朱子論心學工夫最要著意所在，則為致知。懸舉知識之追尋一項，奉為心學主要工夫，此在宋元明三代理學諸家中，實惟朱子一人為然。欲求致知，則在格物。就理學家一般意見言，心屬內，為本。

物屬外，為末。理學家所重之理，尤在心性方面。心性之理，則貴反求而自得。朱子不然，認為內外本末，須一以貫之，精粗具到，統體兼盡。此為朱子在一般理學思想中之最獨特亦最偉大處。故朱子不僅集北宋以來理學之大成，實欲自此開出理學之新趨。後人莫不知朱子講格物，乃於其所講格物精義，則頗少能繼續加以闡發與推進，此乃一大可惋惜之事。此章當略述朱子之格物論。

格物之說，最先亦由伊川提出。伊川云：

> 格猶窮也，物猶理也。猶曰窮其理而已矣。窮其理，然後足以致知。欲思格物，則固已近道矣，以收其心而不放也。

收其心而不放即是敬，是則由伊川之說，乃成為格物亦即敬之工夫。伊川又曰：

> 欲致知，須要格物。物不必謂事物然後謂之物也，自一身之中至萬物之理，但理會得多，相次自然豁然有覺處。

此處特說物不必謂事物，意中似仍以一身之中之所謂心者為主要。又曰：

> 窮理亦多端。或讀書講明義理，或論古今人物，別其是非，或應接事物而處其當然，皆窮理也。或問格物須物物格之，還是格一物而萬物皆知。曰：怎生便會該通，須是今日格一件，明日格一件，積習既多，然後脫然有貫通處。

此條言窮理，主要在人文界一切人事上。其言今日格一件，明日格一件，言物字，恐人誤會到外物上去，言件字，則顯指人事。

朱子於伊川言格物，備極推崇，其言曰：

程子之說，切於己而不遺於物，本於行事之實，而不廢文字之功。極其大而不略其小，究其精而不忽其粗。學者循是而用力焉，則既不務博而陷於支離，亦不徑約而流於狂妄。既不舍其積累之漸，而其所謂豁然貫通者，又非見聞思慮之可及。是於說經之意，入德之方，其亦可謂反復詳備，而無俟於發明矣。若其門人，雖曰祖其師說，然以愚考之，則恐其皆未足以及此。

朱子歷辨程門後起說格物者凡五家，又繼起者一家。一為呂藍田大臨之說，朱子非之曰：

必窮萬物之理，而專指外物，則於理之在己者有不明矣。但求眾物比類之同，而不究一物性情之異，則於理之精微者有不察矣。

藍田初學於橫渠，橫渠卒，乃東見二程。朱子於程門最取藍田，然藍田之論格物，偏指外物，又重其同，忽其異，故朱子非之。

其二為謝上蔡之說，朱子非之曰：

窮理以恕為本，則是求仁之方，非窮理之務。先其大，不若先其近者之切。一處通而一切通，乃程子所不敢言。

其三為楊龜山之說，朱子非之曰：

反身而誠，乃物格知致以後事，非以是為格物之事。亦不謂但務反求諸身而天下之理自無不誠。

其四為尹和靖之說，朱子非之曰：

以今日格一物明日格一物為非程子之說，豈其習於持敬之約，而厭於觀理之煩耶。

其五為胡文定安國之說。朱子非之曰：

其曰物物致察，是不察程子所謂不必盡窮天下之物也。又曰宛轉歸己，是不察程子所謂物我一理，纔明彼即曉此之意也。又曰：察天行以自強，察地勢以厚德，是但欲因其已定之名，擬其已著之迹，而未嘗如程子所謂求其所以然，與其所以為者之妙也。

其六為胡五峰之說，朱子非之曰：

所謂即事即物，不厭不棄，而身親格之以精其知，得致字向裡之意。其曰格之之道，必立志以定其本，居敬以持其志，志立乎事物之表，敬行乎事物之內，而知乃可精，又有合乎所謂未有致知而不在敬者之指。但其語意頗傷急迫，既不能盡其全體規模之大，又無以見其從容潛玩積久貫通之功。

又曰：

此段本說得極精，然卻有病。只說得向裡來，不曾說得外面，所以語意頗傷急迫。蓋致知本是廣大，須用說得表裡內外周徧兼該方得。

以上前五家中，謝楊尹三人，最為程門親炙，而失師旨最遠。呂與叔先師橫渠，胡康侯於程門為私淑，其失皆偏在外，與謝楊尹三人所失之偏在內者不同。程門之教，本不免有偏重在內之勢，故得之親炙者，所偏亦在此。呂胡兩人則所偏轉在外。獨五峰一人，已起南渡之後，於程門為最遠，而其說獨為朱子所取。朱子每以五峰繼橫渠，稱其能為精義之學，然朱子於五峰說格物，仍所未滿。朱子雖極推伊川，然迨其自立說，其精神意趣，亦實非伊川之說所能範圍。此處亦可窺朱子學從伊川之轉手處，亦即是朱子學之遞年轉進處。居今而論，理學家所標出之格物一義，亦必至於朱子而始得其大成。

朱子言格物，其最後結論，即見於大學章句之格物補傳。今可不問大學是否為孔氏之遺書，亦可不問古本大學是否有闕，要之考論朱子格物思想，則必以大學格物補傳為其主要之依據。今先錄補傳全文如次：

所謂致知在格物者，言欲致吾之知，在即物而窮其理也。蓋人心之靈莫不有知，而天下之物莫不有理。惟於理有未窮，故其知有不盡也。是以大學始教，必使學者，即凡天下之物，莫不因其已知之理而益窮之，以求至乎其極。至於用力之久，而一旦豁然貫通焉，則眾物之表裡精粗無不到，而吾心之全體大用無不明矣。此謂物格，此謂知之至也。

或譏朱子此處分心與理為二，不知一體兩分，兩體合一，此正朱子思想大體系所在，亦是其最著精神處，不得徒以分兩說之為嫌。何以謂即凡天下之物，朱子說之曰：

這道理儘無窮，四方八面無不是，千頭萬緒相貫串。

千頭萬緒，終歸一理。

道理散在事物上，卻無總在一處底。

這箇道理，精粗小大，上下四方，一齊要著到。四邊合圍起理會。

常人之學，多是偏於一理，主於一說，故不見四旁，以起爭辨。

聖人則中正和平，無所偏倚。

萃百物，然後觀化工之神。聚眾材，然後知作室之用。須撒開心胸去理會。

萬理雖只是一理，學者且要去萬理中千頭萬緒都理會，四面湊合來，自見得是一理。不去理會那萬理，只管去理會那一理，只是空想像。

不知萬殊各有一理，而空言理一，不知理一在何處。

如一箇桶，須是先將木來做成片子，卻將一箇箍來箍斂。若無片子，便把一箇箍去箍斂，全然盛水不得。

不是一本處難認，是萬殊處難認。

須是內外本末，隱顯精粗，一一周遍。

上諸所引，皆是朱子論學之最著精神處。其批評五峰，謂其頗傷急迫，既不能盡其全體規模之大，又無以見其從容潛玩積久貫通之功。即以朱子言回視伊川所言，雖朱子自稱乃竊取程子之意以作此補傳，但兩人間精神意味亦顯然不侔。此見朱子心中理字，其涵義之廣狹虛實，要自與當時一般言理者有辨，此必直探之朱子之理氣論，乃見朱子格物補傳立意之所本。

朱子又辨格物與窮理兩語有不同。朱子曰：

言理則無可捉摸，物有時而離。言物則理自在，自是離不得。

補傳又曰：因其已知之理而益窮之，此語亦重要。朱子說之曰：

要於本領上理會。

要從那知處推開去，以至於無所不知。

今日學者所謂格物，卻無一箇端緒，只是尋物去格。

即如陽明格庭前竹子，正是無端緒尋物去格也。

補傳又曰，以求至乎其極，此語亦重要。朱子說之曰：

人誰無知，為子知孝，為父知慈，只是知不盡。須是要知得透底。且如一穴之光也喚做光。

然逐漸開劃得大，則其光愈大。物皆有理，人亦知其理，如當慈孝之類。但若有知未透處，這裡面便黑了。

所謂求至乎其極者，正是要人得一透底之知。否則如為子知孝，為父知慈，亦只是一穴之光，裡面便黑，濟得甚事。所以說：

致知所以求為真知。真知是要徹骨都見得透。

知要真，要透底，要徹骨，故又曰：

格物只是就事上理會，知至便是此心透徹。

如何能使此心透徹，則仍只有從心上去推致。

如宣王因見牛發不忍之心，便就此擴充，直到無一物不被其澤，方是致與格，只是推致窮格到盡處。凡人各有箇見識，不可謂他全不知，如孩提之童知愛其親，長知敬其兄，以至善惡是非之際，亦甚分曉。但不推致充廣，故其見識終只如此。

格物須是從切己處理會去。

若只泛窮天下萬物之理，不務切己，即是遺書所謂游騎無所歸。

或問李延平教人窮此一事，必待其融釋脫落，然後別窮一事。程伊川則謂若窮此事未得，且別窮一事，二說如何？朱子說：

> 如造化禮樂制度等事，卒急難曉，只有且放住。若平常遇事，這一件理會未透，又理會第二件。第二件理會未得，又理會第三件，恁地終身不長進。

此下再說豁然貫通，朱子說：

> 須是窮得理多，然後有貫通處。

> 心無限量，如何盡得？物有多少，亦如何盡得？但到那貫通處，則纔拈來便曉得，是為盡。釋氏云：一月普現一切水，一切水月一月攝。釋氏也窺見得這些道理。濂溪通書，只是說這一事。

> 不可盡者心之事，可盡者心之理。

> 格物所以明此心。

所謂明此心，則只是要此心真知，有透底徹骨之知。如此纔可謂窮得理。窮得理多而到豁然貫通之境界，則此心之理已盡。

> 到那時，有插生一件差異底事來，也都識得他破。只是貫通，便不知底亦通將去。

朱子格物大義，大體具如上述。茲再撮述要旨。一、朱子所論格物工夫，仍屬一種心工夫，乃從人心已知之理推擴到未知境域中去。二、人心已知之理，如慈孝，如見牛而發不忍之心等，推擴所至，則禮樂制度治平之道，以及宇宙造化，種種物理現象，皆包在內。三、朱子所論理，認為萬理皆屬一理，理不離事物，亦不離心。理必寓於事物中，而皆為吾心所能明，所能知。四、人心自然之知，如知慈孝，如知不忍，非即是窮理後之知，必待窮理以後之知，乃始為透底徹骨之真知。五、專務於內，從心求理，則物不盡。專務於外，從物窮理，則心不盡。物不盡，心不盡，皆是理不盡。必心物內外交融，達至於心即理之境界，始是豁然貫通之境界。至是而眾物之表裡精粗無不到，吾心之全體大用無不明。至是而始是理盡。蓋從外面言，萬理皆屬一理。從內面吾心所知之理言，亦將知其皆屬一理，乃謂之貫通。故格物是零細做工夫，而致知則是得到了總體。

若從現代觀念言，朱子言格物，其精神所在，可謂既是屬於倫理的，亦可謂是屬於科學的。朱子之所謂理，同時即兼包有倫理與科學之兩方面。自然之理，乃由宇宙界向下落實到人生界。人文之理，則須由人生界向上通透到宇宙界。朱子理想中之所謂豁然貫通，不僅是此心之豁然貫通，乃是此心所窮之理，能到達於宇宙界與人生界之豁然貫通。故朱子特舉濂溪通書，謂其只是說這一事。蓋因朱子心中認為周濂溪乃始是能將宇宙造化與人文治平之兩方兼融交盡歸於一致，而二程則猶有所未盡。故朱子說格物，雖上承伊川，而其標示格物之終極理想，則必舉濂溪以為例。

今專就朱子箇人之學問途徑言，不僅對於人生倫理及於治平大道，均所研尋。即在近代人觀念中之所謂自然科學，朱子亦能隨時注意。論其大者，如在天文學地質學方面，朱子皆曾有幾項極深邃之觀察與發現。就自然科學之發明史言，朱子所創獲，尚有遠在西方科學家之前，而與之不謀而合者。故朱子之論格物，不僅是一套理想，實亦是朱子平日親所從事的一番真實之自白。

（二十二）

以上略述朱子論格物，亦可謂乃是朱子言心學工夫之畫龍點睛，最後結穴之所在。此下當略述朱子與象山兩人之意見相異。

後人言朱陸異同，率謂朱子乃理學，象山乃心學，其說之誤，已辨在前。其實兩人異見，亦正在心學上。

言朱陸異同，必首及於鵝湖之會。象山兄九齡復齋一詩云：

孩提知愛長知欽，古聖相傳只此心。大抵有基方築室，未聞無址忽成岑。留情傳注翻榛塞，著意精微轉陸沉。珍重友朋勤琢切，須知至樂在於今。

象山和之云：

墟墓興哀宗廟欽，斯人千古不磨心。涓流積至滄溟水，拳石崇成泰華岑。易簡工夫終久大，支離事業竟浮沉。欲知自下升高處，真偽先須辨自今。

此兩詩，可見當時二陸要旨。然象山謂復齋詩第二句微有未妥。因復齋言古聖相傳只此心，則欲傳聖人之心，仍須讀聖人之書，自不免要留情傳注，寖及支離。象山改為斯人千古不磨心，則今日之我心，便是往日聖人之心。所謂此心同，此理同，直從己心契入，豈不易簡。傳心之說，朱子實已早發在前。朱子又曰：

心與理，不是理在前面為一物，理便在心之中。

人心萬理具備，若能存得，便是聖賢，更有何事。

凡學先要明得一箇心。

自古聖賢，皆以心地為本。聖賢千言萬語，只要人不失其本心。

此諸語，亦可謂乃是當時理學家共同信守語，朱陸異見，並不在此。

朱子又曰：

施之君臣則君臣義，施之父子則父子親，施之兄弟則兄弟和，施之夫婦則夫婦別，都只由這箇心。

人只要存得這些在這裡，則事君必會忠，事親必會孝，見孺子則怵惕之心便發，見穿窬之類則羞惡之心便發。合恭敬處自會恭敬，合辭遜處自會辭遜。

中庸說：天命之謂性，即此心也。率性之謂道，亦此心也。修道之謂教，亦此心也。以至於致中和，贊化育，亦只此心也。

人只是此心，以至千載之前，千載之後，與天地相為終始，只此一心。

若儘從此等處看；朱子與象山並無異見。然朱子又謂：

人心所見不同，聖人方見得盡。今陸氏只要渠心裡見得底方謂之內，纔自別人說出，便指為外。所以指文義而求之者皆不為內。只是專主生知安行，學知以下一切皆廢。簡策之言，皆古先聖賢所以加惠後學，垂教無窮，所謂先得我心之同然。凡我心之所得，必以考之聖賢之書。脫有一字不同，更精思明辨，以益求至當之歸。

此處乃是朱陸兩家意見分歧處。朱子言人心之體，從大處說來，無內外，無古今，古聖賢所說，乃先得吾心之同然。此則同是一心，不須分別，若只把現前當下來看己心，則不免規模窄狹，不復能取人之善。

又曰：

學聖人之道，乃能知聖人之心。知聖人之心以治其心，而至於與聖人之心無以異，是乃所謂傳心。豈曰不傳其道而傳其心，不傳其心而傳己之心哉。

此較前說更深一層。就聖人言，則聖人之道固一本於聖人之心。就後之學者言，則必學聖人之道而後乃能知聖人之心。此一曲折，便會轉入二陸所謂支離與精微的路上去。而且又說知聖人之心以治其心，則更似轉到外重內輕，把聖人心來作己心準則，與象山意見似更相遠。

朱子又曰：

> 如孝弟等事，數件容先做底，也易曉。若是後面許多合理會處，須是從講學中來。不然，為一鄉善士則可，若欲理會得為人許多事則難。

蓋孝弟等事，質美者亦可以生知安行。其他許多人事，則無不從講學中來，然亦不得擯之在己心之外。故朱子謂陸子靜楊敬仲有為己工夫。若肯窮理，當甚有可觀，惜其不改。窮理則即是講學中事。朱子又曰：

> 孝悌忠信，若淺言之，則方是人之常行。若不由此，即日用之間更無立腳處。故聖人之教，未嘗不以為先。若極言之，則所謂通於神明，光於四海，無所不通，而曾子所以形容聖人一貫之妙者，亦不過如此。故大學之道，必以格物致知為先，而於天下之理，天下之書，無不博學審問謹思明辨以求造其義理之極。然後因吾日用之間，常行之道，省察踐履，篤志力行，而所謂孝悌之至通於神明，忠恕之一以貫之者，乃可言耳。蓋其所謂孝悌忠恕，雖只是此一事，然須見得天下義理表裡通透，則此孝悌忠恕方是活物。如其不然，便只是箇死底孝悌忠恕。雖能持守終身，不致失墜，亦不免為鄉曲之常人，婦女之檢柙而已。何足道哉。

此處即是大學格物補傳之所主。在朱子意，孝弟忠信，只屬小學事。只是人之常行，日用之間一立腳處。聖人之教亦以是為先。但若極言之，孝弟可以通神明，忠恕可以達一貫，但其間必經過大學一番格物之教，講學窮理，大有事在。否則

只理會得門內事，門外事便了不得。所以聖人教人要博學。若不博學，氣質純底，將來只成一箇無見識底獃人。若是意思高廣底，將來過不下，便都顛了。

所以又說：

古人之學，所貴於存心者，蓋將推此以窮天下之理。今之所謂識心者，乃將恃此而外天下之理。是以古人知益崇而禮益卑。今人則議愈高而其狂妄恣睢也愈甚。

此等話，在朱子，亦並不一一針對象山而發。當時理學家風氣，過分看重了心，看輕了事。又謂理在心，不在事。又因是而看輕了向外面去求知識。故朱子要說：

根本枝葉，本是一貫。身心內外，原無間隔。

此處所提本末內外，似乎是當時一般理學家所共同認為的一項重要區別。即如二程，向不提及濂溪之太極圖，又不和康節談數學。伊川於橫渠正蒙，則謂其有苦心極力之象，而無寬裕溫和之氣。非明睿所照，而考索至此。明睿之照本於內，考索所至則在外。伊川又謂有德性之知與見聞之知。德性之知本之內，見聞之知求之外。此在二程，亦顯見有重視內本輕忽外末之傾向。程門諸儒，

此一傾向益顯。朱子雖宗二程，然言下竭力要泯此內外本末之隔閡。其為六先生贊，於二程外又增入周張邵馬四人。又在二程中，自謂較近伊川。若從此方面推擴，則理學風氣，將為丕變。然在一般理學家眼光中，則朱子似終不免有在枝葉上用力，近乎有馳外之嫌。象山兄弟，實亦以此意見看朱子。象山極重明道，而於伊川則頗致不滿。朱子之言象山，則曰：

看子靜書，只我胸中流出底是天理，全不著得些工夫。

又曰：

陸子靜之學，只管說一箇心本來是好底物事，只被私欲遮了。若識得一箇心，萬法流出，更都無許多事。

在朱子意，亦同樣主張一切須自我胸中流出，亦主張萬法都從心中流出，但又另開一面，主張從外面流入，來廣大己心，發明己心。此一面，象山則謂之是支離。朱子又謂自明道轉出謝上蔡，自上蔡轉出張旡垢，又自旡垢轉出了陸象山。象山自謂得之孟子，但朱子則指其亦從程門來。後人祖護象山，謂象山之學亦源自明道，其實朱子已早發此意。

朱子又曰：

撫學有首無尾，浙學有尾無首。

撫學即指象山，浙學則導自朱子老友呂祖謙東萊。但若要在二者間擇取其一，朱子則寧取撫學。

若不先有內本，則失卻了理學傳統精神。但朱子則更要由本及末，由內向外，有了首還要有尾。至若有尾無首，則將更遭朱子之呵斥。

由上所述，可見在朱子心目中，象山地位極高，朱子極欲與象山密切講論以歸一是，並時欲對彼我兩家異見得一調和。故曰：

> 自子思以來，教人之法，惟以尊德性道問學兩事為用力之要。今子靜所說，專是尊德性事，而熹平日所論，卻是問學上多了。自覺雖於義理上不敢亂說，卻於緊要為己為人上，多不得力。今當反身用力，去短集長，庶幾不墮一邊。

此處朱子辭極謙退，然亦仍是牢守平日講學宗旨，總是要本末內外一貫交盡。惟此項工夫，卻甚難到達一恰好恰中之境界。往往不偏在這邊，便易偏到那邊。即朱子於北宋理學諸家中，亦只是要去短集長，求得一恰中恰好。而朱子對於自己工夫，亦時時有反省自譴之辭。在主意上則要不墮一邊，而在工夫上，則每覺不遽是恰中恰好。若不明白到朱子這一番心境，則見朱子說話，往往忽彼忽此，像是沒有定見。而象山聽到朱子這一番說話，卻云：

> 朱元晦欲去兩短，合兩長，然吾以為不可。既不知尊德性，焉有所謂道問學。

此一說，在朱子看來，亦並非不是。朱子所爭，乃在知了尊德性以後，還須得道問學，不要儘靠在一邊。不要儘把一邊話來開導他人。此處恐是朱陸兩家異見之癥結所在。後人或有謂象山實是承接明道，伊川與朱子則走入歧途。從極嚴格之理學傳統言，此亦不得謂之全不是。但朱子在理學傳統中，意欲恢宏疆宇，廓開道路，把求知精神與博學精神充分加入，則此兩家異見，自難調和合一了。

（二十三）

以上略述朱子論象山。朱子之於象山，又屢斥其近禪。象山近禪與否，此處不論。但朱子所以闢禪之意，則亦不可不知。此下當略述朱子論禪學。

朱子於佛書，亦多涉獵。尤其在早年，即深喜禪學。自從遊於李延平，始一意專向於儒。朱子識禪甚深，故其闢禪，亦能中要害。惟當時理學家中浸淫於禪學者實多。程門諸賢，朱子謂其後梢皆流入禪去。故朱子闢禪，其實乃所以矯理學之流弊。其闢禪處，皆是針對當時理學作諍救。此層尤不可不知。

朱子有曰：

> 釋氏虛，吾儒實。釋氏二，吾儒一。釋氏以事理為不緊要而不理會。

外事理於吾心，故曰二。合吾心於事理，故曰一。朱子又曰：

> 釋氏只要空，聖人只要實。釋氏所謂敬以直內，只是空豁豁地，更無一物，卻不會方外。

聖人所謂敬以直內，則湛然虛明，萬理具足，方能義以方外。

然則只言敬以直內，不再言義以方外，豈不即成了禪學。所以朱子特有取於伊川敬義夾持之一語。或謂理學家言敬乃從禪學來，朱子則並不如此說，只說如釋老等人卻是能持敬。又說若單言敬，則易入禪學去。朱子又曰：

吾以心與理為一，彼以心與理為二。彼見得心空而無理，此見得心雖空而萬理咸備。雖說心與理一，不察乎氣稟物欲之私，是見得不真。大學所以貴格物。

此處明言心即理，但必附帶一條件，曰格物。格物是到達心即理之工夫。若非格物，則仍會走上心空路上去。又曰：

釋氏言，但能識此運水搬柴之物，則亦無施而不可。蓋其學以空為真，以理為障，而以縱橫作用為奇特。與吾儒之論正相南北。

此斥禪家言作用是性之說。又曰：

龜山舉龐居士云：神通妙用，運水搬柴，以比徐行後長。不知徐行後長乃謂之弟，疾行先長則為不弟。如曰運水搬柴即是妙用，則徐行疾行，皆可謂之弟耶。

謂作用是性並不錯，但作用有合理不合理之辨。不能謂凡是作用即合理。亦不能謂求合理，即便非作用，不是性。故朱子特地欣賞伊川性即理也之一語。

朱子又謂釋氏工夫磨擦得這心極精細，剝盡外皮，精光獨露，遂誤認此心為性。佛氏所謂法身，即指此心精光言。佛氏非以空為體，乃以此心精光為體。在此心精光中，不容著一物，故謂之空。此對禪學工夫，非真有研究者，不易說到。

禪家既認作用是性，於是遂認無適非道。朱子說：

> 須是運得水搬得柴是，方是神通妙用。若運得不是，搬得不是，如何是神通妙用？佛家所謂作用是性，便是如此。所以君子貴博學於文，無精粗大小，都一齊用理會過，方無所不盡，方周遍無疎缺處。

言博學，便須推擴到天地萬物，這樣便似轉向外去，不專就心性上做工夫。象山所疑於朱子者在此。

朱子又說：

> 佛氏之學，與吾儒有甚相似處。如云：有物先天地，無形本寂寥。能為萬象主，不逐四時凋。又曰：撲落非它物，縱橫不是塵。山河及大地，全露法王身。又曰：若人識得心，大地無寸土。看他是甚麼樣見識。區區小儒，怎生出得他手。此是法眼禪師一派宗旨如此。今之禪家，皆破其說，以為有理路，落窠臼，有礙正當知見。今之禪家，都是麻三斤、乾屎橛之說，謂之不落窠臼，不墮理路，妙喜之說便是如此。然又有翻轉不如此說時。

又說：

禪只是箇呆守法。如麻三斤、乾屎橛，他道理初不在此上。只是教他只思量這一路，把定一心，不令散亂，久後光明自發。

如問如何是佛云云，胡亂掉一語，教人只管去思量，又不是道理，又別無可思量，心只管在這上，行思坐想，久後忽然有悟。

學禪者只是把一箇話頭去看。如何是佛，麻三斤之類，又都無義理得穿鑿，看來看去，工夫到時，恰是打一箇失落一般。便是參學事畢。莊子亦云：用志不分，乃凝於神。但他都無道理，只是箇空寂。

此處朱子即以禪宗工夫來證說禪宗境界。指出禪家參話頭工夫之真實意義，即在所謂磨擦此心，剝盡外皮，精光獨露。此一說法，乃是從妙喜書中得來。在理學家中，慧眼如炬，真能抉發禪家祕密，擊中禪家病痛者，實惟朱子一人。其實二程提出敬字，也只是把定一心，不令散亂，若只守這一敬，到頭也還是一箇空寂。所以朱子乃以敬義夾持格物窮理來代替了禪家之參話頭。又以濂溪橫渠窮究宇宙萬象一路來代替了法眼一派。朱子意，要把一套嶄新的儒學與理學來代替出自唐以來直到當時在社會上普遍流行的那一套禪學，其事也實在不容易。

問釋氏入定，道家數息。曰：他只要靜，則應接事物不差。曰：吾儒為何不效他恁地？曰：

他開眼便依舊失了，只是硬把握。不如吾儒敬以直內，義以方外。或說：世上事便要人做，只管似他坐定做甚？日月便要行，天地便要運。曰：他不行不運固不是，只是吾輩運行又有差處。他是過之，今人又不及。

此條又說到老釋守靜，其實當時理學家主靜也從方外來。開眼便依舊失了一語，說靜坐之病最直截最恰切，清儒顏習齋又把教人靜坐來詬病朱子，其所設鏡花水月之喻，正即是朱子開眼依舊失了六字。朱子又說：他是過之，今人又不及，此亦指心地工夫言。要做到內外本末心事合一，無過無不及，恰中恰好，那是朱子心學之理想。

或問告子之學，曰：佛家底又高，告子底死殺了，不如佛家底活。今學者就故紙上理會，也解說得去，只是都無那快活和樂底意思。似他佛家，雖是無道理，然他卻一生受用，一生快活。

此條說既要惬心，又要當理。若此心無受用，不快活，難免人要逃入禪去。但若使一切運用不能當理無差，亦振不起儒學傳統。濂溪教二程兄弟尋孔顏樂處所樂何事，此一指點，乃理學興起淵源所在。凡朱子論心學工夫，則要把握此兩面。所謂孔顏樂處，亦在此兩面上，不在任何一面上。

舉佛氏語，曰：千種言，萬般解，只要教君長不昧，此說極好。它只是守得這些子光明。吾儒之學，則居敬為本，而窮理以充之，其本原不同處在此。

或以為釋氏本與吾儒同，只是其末異。某與言，正是大本不同。只無義以方外，連敬以直內也不是了。

此分辨極重要。不能說佛家已得其體，再把儒家來加上用。亦不能說儒佛之辨乃是本同末異。據朱子意，內外本末原是一體，末正所以完其本，外正所以全其內。真有了此內，則必然有此外。真有了此本，則必然有此末。今既無外無末，便知非即是此內，亦非即是此本。

又曰：

釋氏自謂識心見性，然所以不可推行者，為其於性與用分為兩截。聖人之道，雖功用充塞天地，而未有出於性之外。

朱子既辨禪家認作用為性，又說其分性與用為兩截。因禪家所說作用，只說的是手能持，足能履，目能視，耳能聽，猶如告子說食色性也，只是禪家說得更高更活。今謂其性與用分為兩截者，乃指人生界之修齊治平乃及參天地贊化育之一切用而言。此等始所謂功用充塞天地，但卻不能謂此等皆已違逆了人性，或離開了人性。

或問孟子言盡心知性，存心養性，釋氏之學，亦以識心見性為本，其道豈不亦有偶同？朱子曰：

佛氏之所以識心，則必別立一心以識此心。其所謂見性，又未嘗覩夫民之衷，物之則。既不睹夫性之本然，則物之所感，情之所發，概以為己累而盡絕之。心者，為主而不為客，命物而不命於物。惟其理有未窮，而物或蔽之，故其明有所不照。私或未克而物或累之，故其體有所不存。聖人之教，使人窮理以極其量之所包，勝私以去其體之所害。因其一以應夫萬，因其主以待夫客，因其命物者以命夫物，未嘗曰反而識乎此心，存乎此心也。若釋氏之云識心，則必收視反聽，求其體於恍惚之中，此非別立一心而何。

此言禪家所認識之心，實與儒家所認識者大有不同。當時理學家多染禪學，不能辨此，而競言識心，朱子剖析駁難，精卓暢盡，惜乎此處不能詳引。要之，理學家言心性，佛家禪宗亦言心性，此所謂彌近理而大亂真，而惟朱子為能闢之豁如。朱子又言：

今人見佛老家之說，或以為其說似勝於吾儒，又或以為彼雖說得不是，不用管他。此皆是看他不破，故不能與之辨。

朱子自比其闢佛闢禪，如孟子之闢楊墨。在當時，朱子與學者門人往返書牘，當面問答，隨機應對。此等人亦皆依據孔孟，稱道伊洛，而不自知其浸染陷溺於佛說禪學中。朱子一一為之出正解，破迷誤，使儒釋疆界，判然劃分，此固是朱子大貢獻所在。然朱子又常稱道禪林中人，謂：

天下有些英雄人，都被釋氏引將去。

某見在名寺中所畫諸祖師人物，皆魁偉雄傑，宜其傑然有立。

某常道，他下面有人，自家上面沒人。

又曰：

老佛亦儘有可取處。

惟朱子真識得禪，故既能加以駁辨，亦能加以欣賞。今謂理學即自禪學來，此固不是。謂理學家闢禪僅是門戶之見，此復不是。然欲真見理學與禪學相異究何在，相爭處又何在，則非通覽朱子之書，亦難得其要領。

（二十四）

以上略述朱子論禪學。自論敬論靜以下，直至論象山論禪學各章，皆可謂是朱子論心學工夫者，惟已時時牽涉到論為學處。朱子既主內外本末一體，則為學之與養心，亦皆由此一體來，亦皆所以完成此一體。本章當續述朱子論為學。

朱子論心學工夫，每從一體之兩面會通合說。其論為學工夫，亦復如是。

問：先生云：一箇字包不盡，但大道茫茫，何處下手？先生乃舉中庸大哉聖人之道一章，曰：尊德性道問學，致廣大盡精微，極高明道中庸，溫故知新，敦厚崇禮，只從此下工夫理會。居處恭，執事敬，言忠信，行篤敬之類，都是德性。至於問學，卻煞闊，條項甚多。

事事物物皆是問學，無窮無盡。又曰：自尊德性而下，雖是五句，卻是一句摠四句。雖是十件，卻是兩件統八件。尊德性道問學一句為主。

又曰：

尊德性所以存心，致廣大，極高明，溫故敦厚屬之。道問學所以致知，盡精微，道中庸，知新崇禮屬之。

朱子內弟程允夫，以道問學名齋，囑朱子為之銘，朱子告以當易齋名為尊德性。蓋尊德性是道問學宗旨，道問學是尊德性方法。一切道問學，皆當為尊德性。朱子之告象山，亦曰：某之學，道問學方面說多了。此因尊德性無許多話說，道問學則其事無窮無盡，不容不多說。

又說下學上達云：

如做塔，且從那低處闊處做起，少間自到合尖處。要從頭上做起，卻無著工夫處。下學而上達，下學方是實。

先立箇粗底根腳，方可說上至細處去。

下學者事，上達者理，理即在事中。

聖門之學，下學上達，自平易處講究討論。積慮潛心，優柔厭飫，久而漸有得焉，則日見其高深遠大而不可窮。

而今人好玄妙，劃地說得無影無形。都好高，說空說悟。聖人言語說得平正。必欲求奇，說令高遠。說文字，眼前淺近底，他自要說深。在外底，他要說向裡。本是說他事，又要引從身上來。本是說身上事，又要引從心裡來。皆不可。

朱子教人，從低處闊處下學，不喜說空話，高話，玄妙話。不喜人常說向心裡，說無影無形話。實則在當時理學家，這些話也已說得忒多了。

又說博文約禮。

問博文是求之於外，約禮是求之於內否？曰：何者為外？博文是從內裡做出來。知須是致，物須是格，雖是說博，然求來求去，終歸於一理，乃所以約禮也。

聖門教人，只此兩事，須是互相發明。約禮底工夫深，則博文底工夫愈明。博文底工夫至，則約禮底工夫愈密。

內外交相助，博不至於汎濫無歸，約不至於流遁失中。

此處說汎濫無歸易知，說流遁失中不易知。約之又約，歸納到一點上，便易說得孤。說得孤，便易入禪。如懸空說心性，說理，說得高妙，說得無影無形，皆易流遁失中。朱子立說，皆從低處闊處多處近處說起，卻自平實不失中。朱子又說：

博文是多聞多見多讀。及收拾將來，全無一事，和敬字也沒安頓處。

此條更不易知。伊川言，未有致知而不在敬者，若非此心收拾一處，何從下多聞多見多讀工夫。待及知之至而一旦豁然貫通，則此心湛然虛明，眾理具備，又須在何處再安頓此一敬字，而此心亦自無不敬。可見敬字工夫，乃是聖學之入門，非是聖學之歸宿。

又曰：

為學須是先立大本，其初甚約。中間一節甚廣大，到末梢又約。近日學者多喜從約，而不於博求之，何以考驗其約？又有專於博上求，而不反其約，其病又甚於約而不博者。

此條，一面箴砭當時之陸學，一面指斥當時之浙學。朱子曾謂象山兩頭明，中間暗，即指此。

朱子又曰：

孔子之教人，亦博學於文，如何便約得。

是朱子論博約，其意實更重於中間一節，即博之一面。大本之約，乃始學事。由博反約，乃成學事。中間一節，正是學問真下工夫處。又曰：

博文工夫雖頭項多，然於其中尋將去，自然有箇約處。聖人教人有序，未有不先於博者。顏子固不須說，只曾子子貢得聞一貫之誨。餘人不善學，夫子亦不叫來罵一頓，教便省悟。只得且待他事事理會得了，方可就上面欠闕處告語之。

此言於博文中自有約，聖人只從博處教，不從約處教。又曰：

不求眾理之明，而徒恃片言之守，則雖早夜憂虞，僅能不為所奪。而吾之胸中，初未免於憒憒，是亦何足道。

僅求守約，則胸中終自憒憒。又曰：

釋老之學，莫不自成一家，此最害義。如坐井觀天，自以為所見之盡。及到井上，又卻尋頭不著。寧可理會不得，卻自無病。

理會不得，尚知要理會。屈居在井裡，所見不廣，而遽已自成一家，則不復要理會。此等處，發人深省，最當善體。即如禪宗祖師們，幽居深山寺裡，談空說悟，豈不亦自成一家。待其出寺下山，見了天地之大，民物之繁，自會討頭不著。

又曰：

為學須先立得箇大腔當了，卻旋去裡面修治壁落教綿密。今人多是未曾知得箇大規模，先去修治得一間半房，所以不濟事。

當時理學家，競務於心性守約。自朱子言之，亦只是一間半房而已。

朱子又說一貫，云：

一便如一條索，那貫底物事，便如許多散錢。須是積得這許多散錢了，卻將那一條索來一串穿，這便是一貫。

一者，對萬而言。今卻不可去一上尋，須是去萬上理會。

先就多上看，然後方可說一貫。學者寧事事先了得，未了得一字卻不妨。莫只懸空說箇一字，作大罩了，逐事都未曾理會，卻不濟事。

恰如人有一屋錢散放在地上，當下將一條索子都穿貫了。而今人元無一文錢，卻也要學他去穿。這下穿一穿，又穿不著。那下穿一穿，又穿不著。以怎為學，成得箇甚麼邊事。

不是一本處難認，是萬殊處難認。如何就萬殊上見得皆有恰好處？

會合上引，自見朱子論為學之要旨。

（二十五）

以上略述朱子論學。主博文，主格物窮理，主多方以求，自然要教人讀書。但在理學家中，正式明白主張教人讀書，卻只有朱子一人。後人彙集其語，名為朱子讀書法者，不止一家。本章當再摘要撮述為朱子論讀書。

當時理學家風氣，務於創新說，各欲自成一家言。朱子教人讀書，多屬針對此項流弊而發。初視若大愚大拙，而實啟大巧大智之鍵。若至鈍至緩，而實蘊至捷至利之機。

問易如何讀？曰：只要虛心以求其義，不要執己見。讀他書亦然。

又曰：

看書不可將己見硬參入去。隨他本文正意看，依本子識得文義分明。自此反復不厭，日久月深，自然心與理會，有得力處。

讀書若有所見，未必便是，不可便執著。且放一邊，且更讀，以來新見。如去了濁水，然後清者出。

牽率古人言語，入做自家意中來，終無進益。

須是胸次放開，磊落明快，恁地去。

或問讀書未知統要。曰：統要如何便會知得？近來學者，有一種則舍去冊子，卻欲於一言半句上便見道理。又一種則一向汎濫，不知歸著處。此皆非知學者。須要熟看熟思，久久間自然見箇道理，四停八當，而所謂統要者自在其中。

看文字，少看熟讀，一也。不要鑽研立說，但要反復體翫，二也。埋頭理會，不要求效，三也。

此可謂朱子教人讀書三綱領。朱子又曰：

讀書須看得一書徹了，方再看一書。

須從一路正路直去，四面雖有可觀，不妨一看，然非緊要。

東坡教人讀書，每一書當作數次讀之。當如入海，百貨皆有，不能兼收盡取，但得其所欲求者。如欲求古今興亡治亂，聖賢作用，又別作一次求事迹文物之類，他皆如此。若學成，八面受敵，與慕涉獵者不可同日而語。

黃山谷與人帖有云：學者喜博而常不精。汎濫百書，不如精於一。有餘力，然後及諸書，則涉獵亦得其精。蓋以我觀書，則處處得益。以書博我，則釋卷而茫然。先生深喜之，以為有補於學者。

東坡山谷，皆文章之士，不為理學家重視，而朱子獨有取其言。真能讀書，則可不問理學經學史學文學，讀書則總該如此讀。朱子又曰：

讀書不可兼看未讀者，卻當兼看已讀者。

要將理會得處反復又看。

問看文字，為眾說雜亂，如何？曰：且要虛心，逐一說看去。看得一說，卻又看一說。且依文看，逐處各自見箇道理，久之自然貫通。

眾家說有異同處最可觀。甲說如此，且挦扯住甲，窮盡其辭。乙說如此，且挦扯住乙，窮盡其辭。兩家之說既盡，又參考而窮究之，必有一真是者出。

讀書至於群疑並興，寢食俱廢，乃能驟進。如用兵，須大殺一番，方是善勝。

固不可鑿空立論，然讀書有疑，有所見，自不容不立論。其不立論者，只是讀書不到疑處。

熟讀書，自然有疑。若先去求箇疑，便不得。

讀書不廣，索理未精，乃不能致疑，而先務立說，所以徒勞苦而少進益。

學者所患，在於輕浮，不沉著痛快。

讀書寧詳毋略，寧下毋高，寧拙毋巧，寧近毋遠。

此又可謂是朱子教人讀書之四大戒條。果能詳能下能拙能近，自見沉著痛快。輕浮者則必好高好遠好巧好略。又曰：

看文字，須大段精采看。聳起精神，樹起筋骨，不要困，如有刀劍在後一般。

讀書譬之煎藥，須是以大火煑滾，然後以慢火養之，卻不妨。

寬著期限，緊著課程。

小作課程，大施工力。

如今日看得一版，且看半版，將那精力求更看前半版。

如射弓，有五斗力，且用四斗弓，便可拽滿，己力欺得他過。

如此讀書，內而存心養性，外則窮理致知，其道一轍，實非異軌。當時理學家相率以談心性為務，既不致知窮理，更益輕視讀書，目之為第二義，又相戒勿恃簡冊，朱子獨力矯其弊，謂：

凡吾心之所得，必以考之聖賢之書。脫有一字不同，則更精思明辨，以益求至當之歸。毋憚一時究索之勞，使小惑苟解，而大礙愈張。

求之自淺以及深，至之自近以及遠，循循有序，不可以欲速迫切之心求。非固欲畫於淺近而忘深遠，舍吾心以求聖人之心，棄吾說以徇先儒之說也。

鄙意且要學者息卻許多狂妄身心，除卻許多閑雜說話，著實讀書。初時儘且尋行數墨，久之自有見處。

凡百放低，且將先儒所說正文本句，反覆涵泳，久久自見意味。

只且做一不知不會底人，虛心看聖賢所說言語，未要便將自家許多道理見識與之爭衡。退步久之，卻須自有箇融會處。自家道理見識，未必不是，只是覺得太多了，卻似都不容他古人開口，不覺蹉過了他說底道理。至如前人議論得失，今亦何暇為渠分疏。且救取自家目今見處。若舍卻自己，又救那一頭，則轉見多事，不能得了。

讀古人書，非務外為人，爭古人之是非。乃欲擴大自己心胸，多聞多知，也該容古人開口說他底道理。但也不是要捨己以徇，乃求有箇融會，以益期於至當之歸。若要得如此，卻須把自家先放低，先退一步，虛心做一不知不會底人。莫把自家先與他爭衡，待瞭解得他，自會有疑有辨，久

之卻來新見。朱子如此教人讀書，實亦不是專對當時理學界作箴砭，千古讀書，欲求得益，必當奉此為準繩。否則

> 一事必有兩途，纔見彼說畫，自家便尋夜底道理反之，各說一邊，互相逃閃，更無了期。

凡務求創新見而輕視傳統，其弊皆如此。後之視今，亦如今之視昔。苟無傳統，亦將無學術可言。朱子又自說：

> 勤勞半世，汩沒於章句訓詁之間，黽勉於規矩繩約之中，卒無高奇深眇之見，可以驚世而駭俗。獨幸於聖賢遺訓，粗若見其坦易明白之不妄而必可行者。

此乃朱子之謹守傳統處，亦是其能獨創新說處。朱子又曰：

> 讀書別無他法，只是除卻自家私意，逐字逐句，只依聖賢所說，白直曉會，不敢妄亂添一句閑雜言語，則久久自然有得。如其不然，縱使說得寶花亂墜，亦只是自家杜撰見識。

新見亦都從傳統中來。若抹殺傳統，儘求新見，此等皆是杜撰。又曰：

> 方看得一句大學，便已說向中庸上去，如此支離蔓衍，彼此迷暗，互相連累。非惟不曉大學，亦無功力別可到中庸。枉費精力，閑立議論，翻得言語轉多，卻於自家分上轉無交涉。

故曰：

> 讀書惟虛心專意，循次漸進，為可得之。如百牢九鼎，非可一嘬而盡其味。

切不可容易躁急，厭常喜新，專揀一等難理會無形影底言語，暗中想像，杜撰穿鑿，枉用心神，空費日力。

朱子教人讀書，其語尚多。有些處真是說得如大愚大拙，至鈍至緩。但從來讀書人，卻無一人能如朱子之博讀而多通，特達而多見。或又疑朱子乃理學大儒，主要應在心性上用功，而朱子畢生精力卻又似都化在讀書上。不知朱子讀書，同時即是心地工夫。朱子教人要能具備虛心，專心，平心，恆心，無欲立己心，無求速效心，無好高心，無外務心，無存驚世駭俗心，無務杜撰穿鑿心，能把自己放低，退後，息卻狂妄急躁，警惕昏惰閑雜。能如此在自己心性上用功，能具備此諸心德，乃能效法朱子之讀書。故朱子教人讀書。同時即是一種涵養，同時亦即是一種踐履。朱子教人讀書，乃是理學家修養心性一種最高境界，同時亦即是普通讀書人一條最平坦的讀書大道。理學之可貴亦正在此。慎勿以為此等乃是理學家之教人讀書而忽之。

朱子追和二陸鵝湖詩有曰：

舊學商量加邃密，新知涵養轉深沉。

後人讀朱子書，多見其舊學商量之邃密，而不見其新知涵養之深沉。同時當知，舊學商量之邃密，即足以證其新知涵養之深沉。欲求瞭解到朱子新知之深沉處，則亦終必要效法朱子之讀書法來讀朱子書，乃能漸漸窺及。

論語述而篇，子曰：述而不作，信而好古，竊比於我老彭。朱子集註說之曰：

述，傳舊而已。作則創始也。故作非聖人不能，而述則賢者可及。竊比，尊之之辭。我，親之之辭。老彭，商賢大夫，蓋信古而傳述者也。孔子刪詩書，定禮樂，贊周易，修春秋，皆傳先王之舊，而未嘗有所作也，故其自言如此。蓋不惟不敢當作者之聖，而亦不敢顯然自附於古之賢人。蓋其德愈盛，而心愈下，不自知其辭之謙也。然當是時，作者略備，夫子蓋集群聖之大成而折衷之，其事雖述，而功則倍於作矣。此尤不可不知。

此一段話，不啻是朱子之自道。孔子集古聖之大成，而朱子則集孔子以下諸賢之大成。其主要點只在求能述，而不敢自居於作。但真能述，則其功自倍於作。此中有深意，非真能明白到千古學術之大傳統者不易知。若其必欲有作，而不願自居於述者，此則先自把自己地位太提高了，太放前了，把輕視前人之書之心來讀前人之書，固宜於朱子之教人讀書法，感其無可欣賞，而亦不易於接受。

（二十六）

以上略述朱子論讀書。其論為學，論讀書，上兩章之所言，皆在一般方法上，此下當略述朱子個人在學術上之實際成就，及其具體表現。但亦僅能略述其分治某一項學問之議論為主。至於對朱子每一項學問之內容落實處，則非此所欲詳。經學為儒學之主幹，自漢迄於北宋無變。理學創興，二程自謂得孟子以來不傳之祕，雖曰反求之六經，其實二程於漢儒以下之經學，殆亦不復重視。此風直至南宋，不革益烈。朱子說之曰：

今學者不會看文字，多是先立私意，自主張己說，只借聖人言語做起頭，便把己意接說將去，病痛專在這上。

說道理，只要撮那頭一段尖底，末梢便到那大而化之極處。中間許多，都把做渣滓，不要理會。相似把箇利刃截斷，中間都不用了。這箇便是大病。

其實理學興起，豈不即是要把秦漢以下中間一段全切斷了都不用。但在朱子自己，亦認為伊洛說理遠勝過了漢儒之說經。故曰：

自堯舜以下，若不生箇孔子，後人去何處討分曉。孔子後若無箇孟子，也未有分曉。孟子後數千載，乃始得程先生兄弟發明此理。

如此則豈不亦將中間一段截斷都不用。但朱子又曰：

漢儒一向尋求訓詁，更不看聖人意思，所以二程先生不得不發明道理開示學者，使激昂向上，求聖人用心處，故放得稍高。不期今日學者，乃捨近求遠，處下窺高，一向懸空說了，扛得兩腳都不著地，其為害反甚於向者之未知尋求道理，依然只在大路上。今之學者，卻求捷徑，遂至鑽山入水。

今之學者，即指一輩承接二程之理學言，亦即是指程門流弊言。求捷徑，便大害事。求鑽山入水，更會大害事。故朱子又曰：

今之談經者，往往有四者之病。本卑也而抗之使高。本淺也而鑿之使深。本近也而推之使遠。本明也而必使至於晦。此今談經之大患。

求高，求深，求遠而至於晦，此為當時理學家談經四大病。其病來自不治經而談經：

說來說去，只說得他自己一片道理，經意卻蹉過了。嘗見一僧云：今人解書，如一盞酒，本是好，被這人一來添些水，那一人來又添些水，次第添來添去，都淡了。他禪家儘見得這樣。

朱子明謂：今日理學家說經，其害已過於漢儒。又謂他禪家儘見得，而今學者不知。朱子對當時理家說經流弊之盡力剖擊，實已遠超於後人之攻擊理學者之上。後人攻擊理學，亦豈能如朱子之篤切而深至。朱子治經，一面遵依漢唐儒訓詁注疏舊法，逐字逐句加以理會，力戒自立說籠罩。一面則要就經書本文來解出聖賢所說道理，承守伊洛理學精神。就今語類所集，朱子告其門弟子，於二程遺說違失經旨而加以諍議與駁正者，約略計之，當可得二百條以上之多。其間有對某一條反復辨析達至三四次七八次者。連合計之，則總數當在三四百條以上。至於程門後學，乃及同時其他諸儒說經違失，朱子一一糾摘，語類中所見條數，不勝統計。蓋自有朱子，而後使理學重復回向於經學而得相綰合。古今儒學大傳統，得以復全，而理學精旨，亦因此更得洗發光昌，此惟朱子一人之功。

但就朱子研窮經學之所得，不僅在當時理學中杜塞歧途，而對漢以下諸儒說經，卻多開闢新趨。循此以下，將使儒家經學，再不復是漢唐儒之經學，而確然會走上一條新道路。朱子所謂舊學商量加邃密，新知涵養轉深沉，亦可於此窺見其一面。以下當就朱子經學，分經敘述，首先略述朱子之易學。

易經一書，北宋諸儒，自胡安定范高平以來，皆所重視。濂溪橫渠康節，皆於易有深得。伊川畢生，亦僅成易傳一書。但朱子於伊川易傳頗不贊同。謂：

易傳推說得無窮，然非易之本義。先通得易本指後，道理儘無窮，推說不妨。便以所推說者去解易，則失易之本指。

因此朱子乃作易本義一書。本義中所闡發，則認易本為一卜筮書。謂：

易經本為卜筮而作，皆因吉凶以示訓戒。

聖人要說理，何不就理上直剖判說，何故恁地回互假托，何故要假卜筮來說，又何故說許多吉凶悔吝。

若把作占看時，士農工商事事人用得。若似而今說時，便只是秀才用得。

古時社會與後世不同，那時那裡有這許多秀才。故：

聖人便作易教人去占，占得恁地便吉，恁地便凶。所謂通天下之志，定天下之業，斷天下之疑者，此只是說著龜。

今人說易，所以不將卜筮為主者，只是嫌怕少卻這道理。故憑虛失實，茫昧臆度。

後人硬要自把一番道理來說聖人經書。朱子則就經書本文來求聖人意思。故又說：

易本是卜筮之書，卦辭爻辭，無所不包，看人如何用。程先生只說得一理。

易中之卦辭爻辭，包括著許多事，隨人問而指點其吉凶。朱子主張就事明理，伊川易傳則只懸空說得一理，要人把此理來應事，此是朱子說易與伊川易傳意見相歧處。換言之，伊川易傳，乃是以理學來說易，朱子則以易說易，以經學來說易。把易說通了，則自得為理學又平添出許多道理來。朱子又說：

易傳須先讀他書，理會得義理了，方有箇入路，見其精密處。非是易傳不好，是不合使未當看者看。須是已知義理者，得此便可磨礱入細。此書於學者，非是啟發工夫，乃磨礱工夫。

朱子意伊川易傳，非不是一部好書，識得義理者讀之，可資磨礱入細。但不能由此啟發人明易書本義，又不能啟發人從易書來明得伊川此番義理。朱子又說：

伊川要立議論教人，可向別處說，不可硬配在易上說。

把己意說經，易使人汩沒在此等經說上，而於義理無箇入路。伊川易傳說得儘好，尚如此，則不論程門以下了。

朱子又說：

易中詳識物情，備極人事，都是實有此事。今學者平日在燈窗下習讀，不曾應接世變，一旦讀此，皆看不得。

此條尤具深旨。不僅伊川易傳不合使未當看者看，即易之本經亦不合使未當看者看。要之易經不當使未接世變未窮事理者來作入門書。朱子又曰：

易之為書，因陰陽之變，以形事物之理。大小精粗，無所不備。尤不可以是內非外，厭動求靜之心讀之。

朱子意，讀易者，不可有是內非外厭動求靜之心，儘在燈窗下讀，則將於易終無所得。若謂朱子教人只主博學，主多讀書，讀書又只主逐字逐句詳讀細讀，而忽略了朱子此等意見，則終是失了朱子論學宗旨。

朱子又說：

人自有合讀底書，如大學語孟中庸等書，豈可不讀？讀此四書，便知人之所以不可不學底道理，與其為學之次序。然後更看詩書禮樂。某纔見人說看易，便知他錯了，未嘗識那為學之序。易自是別是一箇道理，不是教人底書。

此處朱子為人開示為學門徑，及其次序，而謂易非教人之書，見人說看易，便知他錯了，此真是大儒卓見，從來學者未曾說及。

朱子又說：

孔子之易，非文王之易。文王之易，非伏羲之易。伊川易傳，又自是程氏之易。學者且依古易次第，先讀本爻，則自見本旨。

此處根據古易版本，分別次第，其果為伏羲易、文王易、孔子易與否，且不詳論。要之易之本書，有此三階序。朱子意，孔子已是根據了易之卜筮來說道理，伊川又別自說出一套道理，此當就其各自說的道理處來看，不必牽合易之本書來說。朱子易本義，則求擺脫了孔子說易乃至伊川說易，而只本易書來求易義。

然則伊川易傳所說道理，既不從易之本書來，又從何處來？朱子說：

他說反求之六經而得，也是於濂溪處見得個大道理，佔地位了。

後人見二程自言，反求之六經而得，又伊川畢生只成了一部易傳，遂認為其學從六經來，從易來，朱子則說只是先從濂溪處見得個大道理占地位。此等處，實可謂一針見血，說到了前人學術真血脈處。在理學界中真是道人之所不能道。

伊川言易，伊川前濂溪康節橫渠亦皆言易。或謂濂溪康節言易，皆從陳摶來。但陳摶前又有魏伯陽等言易。此等也如孔子言易，各發一義，既皆非易之本義，則只有就各人所言來分別衡論各人之是非。如此等處，朱子意見，可謂極宏通，又極細密。後人紛紛疑難辨詰，皆失朱子之淵旨。

朱子既主易為卜筮書，因而注重到易中之象數，反似更重過於易中之義理。朱子說：

經書難讀，而易為尤難。未開卷時，已有一重象數大概工夫。

言象數，乃是從卜筮，即文王易，更向上推，而到伏犧畫卦，即伏犧易上去。因此朱子言易，有許多處卻接近漢儒。朱子於作為易本義之後，又作易啟蒙，竭力主張康節之先天圖，此層更啟後人紛爭。

抑且朱子論易，除易之本義外，大而至於無極太極，先天後天，又下而至於如世俗所流行之火珠林靈棋課之類。蓋亦是分著三階序來治易。一是從象數方面，直從伏犧畫卦到康節先天圖為一路。一是從卜筮方面，直從文王周公爻辭到後世火珠林靈棋課之類為第二路。一是從孔子十翼到濂溪橫渠康節論陰陽為第三路。其他如參同契言養生之類又在外，朱子皆各別注意。其分明而豁達，古今人乃鮮有知之者。故其與人書有曰：

易且看程先生傳亦佳，某謬說不足觀。然欲觀之，須破開肚腸，洗卻五辛渣滓，乃能信得及。

其門人有云：

先生於詩傳，自以為無復遺恨，曰：後世若有揚子雲，必好之矣。而意不甚滿於易本義。蓋先生之意，只欲作卜筮用，而為先儒說道理太多，終是翻這窠臼未盡，故不能不致遺恨云。

若伊川易傳，則為以道理來說易之第三階序，而說得太多之尤者。觀此兩條，可以想像朱子論易之大概。

以上略述朱子論易學，以下當續述朱子論詩學。

朱子治經，成書兩種，曰易與詩。朱子謂：

詩自齊魯韓氏之說不傳，學者盡宗毛氏。推衍說者，獨鄭氏之箋。唐初諸儒疏義，百千萬言，不能有以出乎二氏之區域。本朝劉歐陽王蘇程張，始用己意有所發明，三百五篇之微詞奧義，蓋不待講於齊魯韓氏之傳，而學者已知詩之不專於毛鄭矣。

此論漢儒治詩，本不專於毛鄭。宋儒亦能於毛鄭外用己意有所發明。

> 及其既久，求者益眾，說者愈多，同異紛紜，爭立門戶，無復推讓祖述之意。學者無所適從，而或反以為病。

宋儒能自出己意，有所發明，是其長。爭立門戶，使學者無所適從，是其短。不僅詩學如此，其他經學亦然。不僅治經學者如此，即理學亦復然。朱子之所以教人，則必：

> 兼綜眾說，融會通徹。一字之訓，一事之義，必謹其所自。及其斷以己意，雖或超出於前人，而必謙讓退託，未嘗敢有輕議前人之心。

此乃朱子稱其老友東萊所為家塾讀詩記之語。而朱子之衡評漢宋，指導當前，其意灼然可見。又謂東萊書中所引朱氏，實熹少時淺陋之說，其後自知其說未安，有所更定，而東萊反不能不置疑。蓋朱子治詩，先亦多宗毛鄭，後乃翻然易轍者。

朱子又自道其解詩工夫，謂：

> 當時解詩時，且讀本文四五十遍，已得六七分，卻看諸人說與我意如何。大綱都得，又讀三四十遍，則道理流通自得。

此項工夫，可分三層。其先是熟誦詩經本文，每詩讀至四五十遍。待見到六七分，然後再參眾說，是第二層。其參眾說，則必古今兼綜，巨細不遺。待大綱都得，又讀本詩三四十遍，則到第三層。而後詩中道理流通自得。其治詩如此，其治他經亦然。所以其學皆從傳統來，莫不有原有本，而又能自出己見，有創有闢。

問學者誦詩，每篇誦得幾遍？曰：也不曾記，只覺得熟便止。曰：便是不得。須是讀熟了涵泳讀取百來遍，那好處方出，方得見精怪。讀得這一篇，恨不得常熟讀此篇，如無那第二篇，方好。而今讀第一篇了，便要讀第二篇，恁地不成讀書。此便是大不敬。須是殺了那走作底心，方可讀書。

朱子教人讀論孟，讀他書，亦時時如此說。已詳前論讀書篇。又曰：

某舊時看詩，數十家之說，一一都從頭記得。初間那裡敢便判斷那說是，那說不是。看熟久之，方見得是非，然也未敢便判斷。又看久之，方審得。又熟看久之，方敢決定。這一部詩并諸家解，都包在肚裡。公今只是見前人解詩，也要解，更不問道理，只認捉著，便據自家意思說，於己無益，於經有害，濟得甚事。

讀了一詩，急要讀第二詩，此心常在走作中，此是心不敬之一。讀了他人說，便急要自己說，此是心不敬之二。他人說未熟看，便敢判其是非，便是心不敬之三。所謂不敬，只是不把來當作一事，不認真，不仔細，如此何能真看到詩中道理來？此處當細看前面朱子論格物窮理處。

朱子精擅文學，其治詩，亦主從文學參入。故曰：

聖人有法度之言，如春秋書禮，一字皆有理。如詩，亦要逐字將理去讀，便都礙。

詩有詩中之理，易有易中之理，諸書中之理，當各別去尋求。若只憑自己心中一理來讀詩讀易，便不是格物窮理。朱子又說：

今人說詩，空有無限道理，而無一點意味。

看詩，義理外，更好看他文章。

古人說，詩可以興。須是讀了有興起處，方是讀詩。

詩便有感發人的意思。今讀之無所感發，正是被諸儒解殺了。

理學家最不重文學。不知文學中亦自有文學之理。文學最大功用在能感發興起人。先把義理來解殺了詩，便失去詩之功用。朱子又曰：

今人不以詩說詩，卻以序解詩，委曲牽合，必欲如序者之意，寧失詩人之本意。

某解詩，都不依他序。總解得不好，也不過是得罪於作序之人。

盡滌舊說，詩意方活。

朱子為詩集傳，又為詩序辨說一冊，一主經文，而盡破毛鄭以來依據小序穿鑿之說，此是朱子一種辨偽工夫。與其易本義，主張易為卜筮書，同為千古創見。朱子嘗曰：

如有人問易不當為卜筮書，詩不當去小序，不當叶韻，皆在所不答。

其於己所創見，其自信有如此。而於詩傳，尤以為無復遺恨。然又曰：

某生平也費了些精神理會易與詩。然其得力，則未若語孟之多也。易與詩中所得，似雞肋焉。

此乃朱子本其理學立場，謂於詩易中收穫不多。至於當時理學家，以自己意見來解詩說易，此為引人入歧。非朱子真下工夫，亦無以識其非。

以上略述朱子論詩學，以下當續述朱子論書學。

朱子於書經，未有成書，然有其絕大之發現。首為指出伏孔兩家今古文之同異。朱子嘗謂：

今文多艱澀，古文反平易。

如何伏生偏記得難底，至於易底，全不記得。

此一疑問，遂開出後來明清兩代儒者斷定尚書古文之偽之一案，而其端實是朱子開之。可與其論易為卜筮書，與詩小序之不可信，同為經學上之三大卓見。

其次乃論尚書多不可信。有曰：

書中可疑諸篇，若一齊不信，恐倒了六經。

朱子所舉，如盤庚、如金縢、如酒誥、梓材、如呂刑諸篇，皆屬今文。今文亦多可疑，此則後來明清諸儒所未能及。朱子讀書，極富辨偽精神，又極富疑古精神，其於經書亦然。可謂夐出千古。惜乎朱子為恐倒了六經，於書經方面未加詳細發揮。

朱子又疑禹貢，謂：

如禹貢說三江及荊揚間地理，是吾輩親自見者，皆可疑。至北方即無疑。此無他，是不曾見耳。

朱子意，若親到北方，目覩北方山水，則禹貢在此方面亦當多可疑。後人則謂禹之治水，未曾親到南方，故言荊揚間地理可疑，此似尚非朱子意。故朱子又曰：

有工夫更宜觀史。

如理會禹貢，不如理會後代歷史地理沿革。故朱子不教人治春秋，而自所致力則在溫公之通鑑。其在某些處，常有置史於經之上之見解，亦非從來經生諸儒所及。

其又一貢獻，則謂：

書中某等處，自不可曉，只合闕疑。某嘗謂尚書有不必解者，有須著意解者，有略須解者，有不可解者。

昔日伯恭相見，語之以此，渠云亦無可闕處。因語之云：若如此，則是讀之未熟。後二年相見，云：誠如所說。

書中有如制度，如天文曆法，如地理，如其他名物，非博治此等專家之業，則不易解，此事清儒亦知之。除此等外，尚書仍多有不可解處，則清儒似未識得。

朱子初亦欲自作書集傳，未成稿，晚年以付及門蔡沈，又告之曰：

蘇氏傷於簡，林氏傷於繁，王氏傷於鑿，呂氏傷於巧，然其問儘有好處。

是朱子於宋儒解書，亦一一平心抉其短而不忽其所長，求以薈粹融會，定於一是，其用意無異於治他經。惜乎蔡沈之傳，則似未能深體朱子之淵旨。

以上略述朱子論書經，以下當續述朱子論春秋。

朱子於春秋未有撰述，又戒學者勿治。曰：

春秋難看，不食馬肝，亦不為不知味。

春秋無理會處，不須枉費心力。

春秋難看，此生不敢問。

某平生不敢說春秋。

要去一字半字上理會褒貶，求聖人之意，你如何知得他肚裡事？

不是郢書，乃成燕說，今之說春秋者正此類。

某都不敢信諸家解，除非是得孔子還魂親說得。

春秋只是直載當時之事，要見當時治亂興衰，非是於一字上定褒貶。

看春秋只如看史樣。

且須看得一部左傳首尾通貫，方能略見聖人筆削與當時事之大意。以三傳言之，左氏是史學，公穀是經學。史學者記得事卻詳，但於道理上便差。經學於義理上有功，然記事多誤。

問公穀，曰：據他說，亦是有那道理，但恐聖人當初無此等意。

以上略述朱子論春秋，以下當續述朱子論禮學。

朱子於經學中特重禮，其生平極多考禮議禮之大文章。尤其於晚年，編修禮書，所耗精力絕大。

朱子論禮，大要有兩端。一曰貴適時，不貴泥古。一曰禮文累積日繁，貴能通其大本。又曰：

孔子曰：行夏之時，乘殷之輅，已是厭周文之類了。某怕聖人出來，也只隨今風俗，立一箇限制，須從寬簡。而今考得禮子細，一一如古，固是好。如考不得，也只得隨俗，不礙理底行將去。

禮不難行於上，而欲其行於下者難。

古禮恐難行。古人已自有個活法。如弄活蛇相似，方好。今說禮，只是弄得一條死蛇。

禮樂多不可考，蓋為其書不全，考來考去，考得更沒下梢。故學禮者多迂闊。一緣讀書不廣，兼亦無書可讀。

又曰：

古禮非必有經，豈必簡策而後傳。

此意亦為從來言禮者所未及。故又曰：

禮，時為大。有聖人者作，必將因今之禮而裁酌其中，取其簡易，易曉而可行。

朱子意，其要不在考禮，而在能制禮。故曰：

有位無德而作禮樂，所謂愚而好自用。有德無位而作禮樂，所謂賤而好自專。居周之世而欲行夏殷之禮，所謂居今之世，反古之道。道即指議禮制度考文之事。

朱子自己無位，故屢言有聖人者作云云以寄慨。然朱子雖未能制禮，亦不免時有議禮之文。其範圍極廣泛，幾於無所不包。有關社會下層者，有關政府上層者。議禮則必考文。朱子言：

在講筵時，論嫡孫承重之服，當時不曾帶得文字行。旋借得儀禮看，又不能得分曉。後來歸家檢注疏看，分明說嗣君有廢疾不任國事者，嫡孫承重。當時若寫此文字出去，誰人敢爭。乃知書非多看不辦。

朱子因此謂漢儒之學，有補世教者不小。因亦極重古者禮學專門名家之意。謂此等人終身理會此事，有所傳授，雖不曉義理，卻記得。凡行禮有疑，皆可就而問之。朱子晚年編修禮書，亦欲匯納古代禮文，分其門類，歸之條貫，以便尋檢。然朱子終因議禮遭忌逐，遂有黨禁之禍。在其卒前一日作三書，二書皆為交付其門人完成禮書工作，此書後稱儀禮經傳通解。

以上略述朱子論禮學。

朱子以理學大師而巋然為經學巨匠，其經學業績，在宋元明三代中，更無出其右者。清儒故意持異，今當就兩者間略作一比較。

一、朱子治經，於諸經皆分別其特殊性，乃及研治此經之特殊方法與特殊意義之所在。清儒似乎平視諸經。以為皆孔氏遺書，故曰非通群經不足以通一經。其說似乎重會通。然因其無分別，乃亦無會通可言。

二、朱子治經，除經之本文外，必兼羅漢唐以下迄於宋代諸家說而會通求之，以期歸於一是。清儒則重限斷。先則限斷以注疏，宋以下皆棄置不理會。繼則限斷以東漢，又繼則限斷以西漢，更復限斷於家法。極其所至，成為爭門戶，不復辨是非。

三、朱子說經，雖在理學立場上素所反對如蘇東坡，尤甚者如張橫浦，苟有一言可取，亦加採納。清儒於其自立限斷之外，全不闌入。尤其如朱子，校儀禮少牢饋食禮日用丁巳乃戊己之己之訛，清儒不得不承用，然亦委曲閃避，以引述朱子語為戒。其弟子蔡沈所為書集傳，清儒亦有沿用，而亦沒其名不提。

四、朱子說經，極多理據明備創闢之見，清儒亦不理會。其大者，如謂易是卜筮書，孔子易當與文王周公易分別看，清儒不加引伸，亦不加反駁。只據漢儒說，一若未見朱子書。朱子辨毛序，事據詳確，清儒乃仍有專據毛序言詩者。亦有據不全不備之齊魯韓三家各自依附言詩者。朱子言尚書有不可解，清儒乃有專據鄭氏一家解尚書者。朱子分別春秋三傳，言其各有得失，清儒則有專主公羊排左氏，而擴大成為經學上今古文之爭。朱子治禮學，不忘當前，每求參酌古今而期於可行。清儒則一意考古，僅辨名物，不言應用。朱子儀禮經傳通解，規模宏大，為其經學上巨著。文集語類中，考禮議禮，觸處皆是。而清儒顧謂宋代理學家，只言理，不言禮。

五、朱子論尚書，論春秋，每及於史，並有置史於前之意。清代史學，則只成經學附庸，治史亦只如治經，不見有大分別。

上之五項，皆其犖犖大者。至如訓詁考據校勘，清儒自所誇許，實則宋儒治經，亦無不及此諸項。惟宋儒貴能自創己見，清儒則必依傍前人，此亦各有得失。朱子則力矯當時好創己見之病，於前人陳說絕不忽視，但於詳究前人陳說後，仍留自創己見之餘地。清初諸儒，如閻若璩於尚書，胡渭於禹貢，顧棟高於左傳，方玉潤於詩，亦尚取徑寬而用意平，不如乾嘉以下正統經學之拘固。然自乾嘉以下諸儒視之，亦若未夠標準，故清經解正編，此諸書皆所不采。而方玉潤之詩，則續經解亦未采列。

（二十七）

以上略述朱子之經學，以下當續述朱子之四書學。

在宋代理學家心中，四書學亦即是經學，而四書地位，尚尤較其他諸經為重要。首先提出四書而賦與以極崇高之地位者為二程，朱子畢生，於四書用功最勤最密，即謂四書學乃朱子全部學術之中心或其結穴，亦無不可。

大學是否當分經傳，其所謂經，是否為孔子之言而曾子述之。其所謂傳，是否為曾子之意而門人記之。中庸是否為子思所著以授孟子。古代儒家傳統，是否乃是孔曾思孟一線相承，如二程之所言，朱子之所定。此皆大有論辨餘地。但四書結集於程朱，自朱子以來八百年，四書成為中國社會之人人必讀書，其地位實已越出在五經之上。而讀四書，則必兼讀朱子之論孟集注與學庸章句，已定為元明清三代朝廷之功令。據此事實，朱子四書學所影響於後代之深且大，亦可想見。本章則只略述朱子完成此四書集注與章句之經過。

朱子有言：

> 語孟工夫少，得效多，六經工夫多，得效少。

此一條，即已把宋以下之孔孟並重代替了漢以下之周孔並重，把四書地位來代替了五經地位。換言之，乃是把當時之理學來代替了漢唐之經學。所謂六經工夫多，得效少，據上述朱子經學一章，已可明得其大概。至謂語孟工夫少，得效多，此語似更易明白，不用多講。但朱子一生所用於語孟之工夫實不少。較其所用於五經者，實更多出百倍。朱子乃是效法漢儒經學工夫而以之移用於語孟，逐字逐句，訓詁考據，無所不用其極，而發揮義理則更為深至。我所謂朱子乃綰經學與理學而一之者，亦於此益見。蓋朱子之四書學，乃是其理學之結晶，同時亦是其經學之結晶。朱子以前之理學家，其說語孟，多是以孔孟語作一起頭，接著自發己意，缺乏了一種經學精神，其勢將使理學與儒家傳統脫節，亦如先秦諸子之自成一家而止。朱子四書學，重在即就語孟本文，務求發得其正義，而力戒自立說。而後孔孟儒家大傳統，得以奠定。此即是一種經學精神。然在朱子語孟集注學庸章句中，終不免有許多自立說之處，此乃是一種理學精神。故曰朱子之四書學，乃是綰經學與理學而一之。使經學益臻於邃密，理學益臻於深沉。

朱子年十三四時，即從其父松韋齋獲聞二程說語孟義。至年三十四，成為論語要義一書，是為朱子四書學之最先著作。先乃徧求古今諸儒說，合而編之。後則獨取二程與其門人朋友數家之說，而曰毋牽於俗學，毋惑於異端，此為朱子獨遵二程以求孔孟大義之第一步。

至朱子四十三歲，又成論孟精義。此書仍如論語要義，獨取二程及其朋友門人凡九家之說。惟由論語擴及孟子，又改要義稱精義。然當注意者，朱子至其時，仍只采前人說，不自立意。又於二程門下諸家，謂其淺深疏密毫釐之間，不能無少異於二程。然又謂讀語孟，不可便謂其所收諸家精義都不是，都廢了，須借它做階梯去尋求。此時朱子在大體上，仍是從程門上窺二程，從二程上窺孔孟。惟於程門諸儒，已漸悟其有失師旨。

至朱子四十八歲時，論孟集注或問成書。此時，朱子已認精義中說得沒緊要處多，故只約其精粹妙得本旨者為集注，又疏其所以去取之意為或問。至是而朱子始自出手眼，尤於二程門下諸家說多所擺棄。

或問中於諸家說多有駁正，為恐使學術風氣趨於輕薄，故不以示人，獨在其門人間私相傳錄。但其後集注屢有刪改，或問不及隨之不斷增修，故遂中止。今於朱子四十八歲後集注之不斷刪改，與其對諸家之續多駁正處，只有讀語類，尚可窺尋其一二。

前所收之精義，至朱子五十一歲時，又改稱為要義。蓋至其時，朱子已見所收精義未必精，而仍不要都廢了，故又改稱要義，乃與其三十四歲時作為論語要義時取名要義之意又不同。蓋先之稱要義，表其重視。後稱精義，表其更重視。後又改稱要義，則表其不復如稱精義時之重視。反復之間，卻可表出朱子學識思想之與年而俱進。

今再綜述此一番經過，其先為要義與精義，皆是一依二程為主，而旁及二程之朋友與門人者，最多只九人。嗣為集注，乃始自出手眼。其論孟集注與其學庸章句之最後定稿，徵引諸家，自漢以下凡五十餘人。專就論語集注言，亦有三十餘家。較前為精義時增出甚多，此是一大轉變。又其引諸家，或因其說有病，而加增損改易，非其本文，此已不得專以會集諸家視之。又有同時引兩說，因其皆通，故并存之，惟每以列前者為稍勝。又於注下用圈，圈下復有注，則多認為是文外之意，只於正文有發明，或是通論一章意。其價值自不如圈上之注為正式闡明孔孟本旨者之更重要。而所引二程說，亦多列在圈下，此是朱子亦不認二程說為盡得孔孟之本旨與正義也。故朱子又自說：

集注乃集義之精髓。

集義乃是精義要義之最後改名。此時乃既不稱精，亦不稱要，只稱集義，則只是集此諸家之說而已。自有理學，伊洛以來，談孔孟義之諸家說中，集注則為其最後之精髓，此為朱子之自負語。蓋至其時，朱子乃始自信能直從孔孟闡孔孟，與以前之必從二程上窺孔孟者有不同。

朱子又曰：

某於論孟，四十餘年理會，中間逐字稱等，不教偏些子。

此在兩漢經學諸家中，似乎亦無人真能如此用心。又曰：

某舊時用心甚苦。思量這道理，如過危木橋子，相去只在毫髮之間，才失腳，便失落下去。聖人說一字是一字，自家只平著心去秤停他，都使不得一毫杜撰，只順他去，如今方見分明。

此乃朱子六十一歲時語。其先是從伊洛諸儒語中求孔孟，至是乃從孔孟自己語中求孔孟，又子細從一字一字上求，要如在秤上稱，不高些，不低些。自說到今時，方略見得道理恁地。但朱子自六十一歲後，集注章句尚是不斷修改。至六十八歲時又說：

今年頗覺勝似去年，去年勝些前年。

是年元旦，朱子在其藏書閣下東楹書曰：

周敬王四十一年壬戌，孔子卒。至宋慶元三年丁巳，一千六百七十六年。

據此楹書，可以想見朱子當時之心情，上追一千六百七十六年而重見古聖人之大義，此其躊躇滿志為何如。而集注章句，此下仍是不斷有修改。但朱子又說：

三十年前長進，三十年後長進得不多。

此是朱子六十九歲時語。三十年前，乃是朱子從童蒙初學直到論語要義成書，而又轉步走向論孟集注學庸章句路上來。此時立基礎，開識見，逐年長進。三十年後，乃是論孟集注成書，而一路一字一字稱等，不教偏些子，常如在危木橋上行去，一失腳便落下，故謂長進得不多。朱子此條語，或可說在當時，並不專為其四書學言，然四書學乃是朱子畢生學問一主要骨幹，以此說朱子此條意，應無大誤。朱子先又曾說五十後長進不多，五十後正是論孟集注初稿完成後兩年，故知此數條主要皆是指此一事言。

朱子又說：

某嘗說，自孔孟滅後，諸儒不子細讀得聖人之書，只是自說他一副當道理，硬將聖人經旨說從他道理上來。聖賢已死，又不會出來和你爭。正如人販私鹽，擔私貨，須用求得官員一兩封書，掩頭行引，方敢過場務，偷免稅錢。今之學者正是如此。

此為朱子最晚年語。其時理學風氣好自立說，而多錯解古人意，朱子譬之如販私鹽漢。其目為四書集注章句，則正是要為聖人來爭此道理。又說：

中庸難說。緣前輩諸公說得多了，其間儘有差舛處，又不欲盡駁難他底，所以難下手。不比大學，都未曾有人說。

又曰：

理學最難。可惜許多印行文字，其間無道理底甚多，雖伊洛門人亦不免。

朱子於經學，不欲盡量發疑，恐倒了六經。其於四書學，亦不欲盡量駁難當時諸儒說話，恐使學風轉薄，其實亦恐將倒了理學。理學與經學之主要集中點，應在能發明孔門義理。朱子四書學，正是在此一目標上努力。再細論之，朱子於四書，惟於論語一書無間然，於孟子學庸三書，亦尚時有所評隲。惟今讀其集注章句，似是只將古人言語重述一過，無己見，無創論，在朱子像是僅作一引渡人，只教人對此四書，一字一句，明得其意義所指而已。然而碎義與大道並呈，聖言與己見交融，苟非細參，實難深解。若更能進而遍讀朱子之文集，又先之以或問，繼之以語類，可以見其錙銖必較，毫釐必爭，曲折遞進之經過。並有同一條注文，二十餘年來，屢經修訂改易，即今可考，有達於四五次以上者。直至其臨卒前三日，尚修改大學誠意章注，此則為人人皆知之事。

然朱子為四書集注章句，雖常戒人要一依本文正義，勿下己意，而朱子本人亦明明多自下己意處。如論語得罪於天無所禱也，集注天即理也四字，明屬朱子意，非孔子意，已在前說過。又如大學，格物補傳一百三十四字，朱子自稱是竊取程子之意以補之，其實重要處仍是朱子意，非程子意，此亦在前論過。又如論語夫子喟然歎曰吾與點也一語十字，此在文字上似無難解處，而集注化了一百三十七字來解此十字。此非自發己見而何？然朱子為此一百三十七字，幾經曲折迂迴，大段改動可考者有四次，此外尚有改動一二字一二句者不計。至其費了幾許文字言說，散見於文集語類，來對此十字所涵蘊之義理作發揮，作辨難，更是不計其數。

即就上述三事言，此皆當時理學上重要問題所在。理學興起，本為復興儒學，並亦極多新義。而流弊所及，大家競創新義，不免於孔孟大傳統精神時有走失。朱子四書學主要工作，乃在發明孔孟精義，而使理學新說與孔孟精義緊密貫通。其集注章句中，所包理學新義極豐富。朱子亦屢言，程張所說，有為孟子所未曾道及者。朱子僅求以理學來擴新儒學，卻不喜理學於儒學中有走失。所謂擴新與走失，則亦一衡之於義理之至當，非是孔孟所未言，即認之為走失。故朱子之四書學，一面極富傳統精神，另一面則又極富創造精神。凡屬理學新義之有當於創造性者，朱子亦已盡量納入其四書集注與章句中。凡朱子認為於孔孟大傳統有走失而無當於創造性者，雖程張所言，亦不闌入。或則僅收於圈外，不列入注之正文。使讀者辨別其雖有發明，而非本義。故其集注與章句，實乃朱子自出手眼，確然成為一家之言，縱謂皆是朱子之自出己意，亦無不可。惟朱子自認其一家言，於孔孟大傳統有創新，無走失，如是而已。若使後人能繼續獲有創新，則朱子四書集注與章句，自亦可謂其中尚未一一盡臻於定論。即如上述吾與點也一百三十七字長注，其實是朱子受了明道影響擺脫未盡，後來黃震東發另作一說，始為獲得了孔子當時之真意。若使朱子復起，亦將承認。

（二十八）

以上略述朱子之四書學，此下當續述朱子之史學。

朱子之學，重在內外合一，本末兼盡，精粗俱舉，體用皆備。就某一意義言，則史學屬於外末，只及人事粗處用處。若不先在義理之大本大體上用功，而僅注意於史學，此為朱子所不許。

然在理學家中，能精熟史學者，實惟朱子一人。不惟他人無可望其項背，即求其肯在史學上真實用心者，亦不多見。

言史學，當分著史論史考史三項。朱子於此，皆所留心。其所為通鑑綱目，實亦是一番精心結撰之作，惜其未有成書。其他如八朝名臣言行錄，伊洛淵源錄，伊川年譜等，皆是朱子在著史方面小試其技，然亦開出後人寫史許多法門。

朱子在論史上，尤其特多創見。大體言之，朱子論史，可分為論治道，論心術，論人才，論世風之四者。此皆在歷史上有莫大關係。其論治道，則曰：

論學便要明理，論治便要識體。

此所謂體，即是一大格局。朱子於歷代制度，無不精究。如論官制，論取士，論財政，論兵制，論刑法，論其他一切民事，無不委悉詳備。而尤極注意於歷代之因革。朱子認為法無不弊，弊則當變，故不主張法古而主張變法。

問：孔子監前代而損益之，及其終也，能無弊否？曰：惡能無弊。

即如秦之變周，朱子亦謂有事勢之必變，亦是事勢合到這裡。雖說秦變得過了，但亦寄予以同情。但朱子又謂：

秦法盡是尊君卑臣之事，所以後世不肯變。

有變而不得其道者。有懷挾私心而不肯變者。亦有不知變者。尤其不肯變，則是病在心術上。朱子又極論宋代建官之弊，曰：

此須大有為後痛更革之。若但宰相有志，亦不能辦，必得剛健大有為之君，須是剛明智勇出人意表之君，方能立天下之事。

此即在今日民主政體下，若非有剛明智勇大有為之政治領袖，仍將不足以立事。而剛明二字，實更為難得。故朱子論治道，則必進而論心術。有與陳亮龍川辨義利雙行王霸並用之說諸長函，最為朱子論史卓識所在。朱子認為漢唐開國，一切皆本之私意，而曰：

漢高祖私意分數少，唐太宗一切假仁借義以行其私。

朱子稱心術為本領，有曰：

本領全在無所係累處。有許大本領，則制度點化出來，都成好物。故在聖人則為事業。眾人沒那本領，雖盡得他禮樂制度，亦只如小屋收藏器貝，窒塞都滿，運轉都不得。

陳龍川只知事求可，功求成，但若不見道義，只論功利，本領錯了，終亦無事業可言。朱子此番意見，直至清初黃梨洲明夷待訪錄原君原臣原法諸篇，始為之重加闡發，此可謂是理學家觀點在歷史學政治學上之最大貢獻。

論心術，亦不在專論君主。朱子又言：

> 今世有二弊，法弊時弊。法弊但一切更改之，卻甚易。時弊則皆在人。人皆以私心為之，如何變得？嘉祐間法，可謂弊矣，王荊公未幾盡變之，又別起得許多弊，以人難變故也。

法弊易變，時弊在人。人之難變，以其心術本領之不易變，如此則仍須回復到理學家所講之義理。朱子從其論治道，論心術，而推及於論人才與世風，大本則一，不再詳引。惟朱子皆是根據歷史情實而加以評述，後世惟王船山讀通鑑論，近似此一意味。

朱子又曰：

> 讀史當觀大倫理，大機會，大治亂得失。

> 將孔子置在一壁，卻將左氏司馬遷駁雜之文鑽研推尊，謂這箇是盛衰之由，這箇是成敗之端，說甚盛衰興亡治亂，直是自欺。

孔子之道，即是人道大倫理所在。擱置了此大倫理，來談盛衰興亡治亂，只知得有此事，不知此事背後之所以然之理，則到頭只成得自欺。朱子又曰：

> 只管去考制度，卻都不曾理會箇根本，一旦臨利害，卻都不濟事。

每一事之背後必有理，同時又必有人，須理到人到而後事始到。故變法必待要變人，救時必待要救人，此亦是箇根本，朱子理學史學之通貫合一處在此。又曰：

> 聖人固視天下無不可為之時，然勢不到他做，亦做不得。

會做事底人，必先度事勢，有必可做之理，方去做。

此處說到勢字，亦為治史應世者所必當注意一要項。理無不可為，而勢有不可為。明得勢，乃能識機會。此雖孔孟亦無如何。又曰：

看前古治亂，那裡是一時做得？少是四五十年，多是一二百年醞釀，方得如此。遂俯首太息。

勢非一時做得，乃由積久醞釀。朱子又曰：

今為天下，有一日不可緩者，有漸正之者。一日不可緩者，興起之事也。漸正之者，維持之事也。

朱子值南宋偏安之世，其生年正金兵陷臨安北還之年，其卒年下距元兵入臨安七十六年。生平於當時立國兵財大計，籌謀甚熟，尤於復讎北上之機會，揆度審的。謂秦檜死，高宗內禪，乃二大有為之機會。又言金亮之亂，乃一掃而復中原一大機會。又曰：

凡事要及早乘勢做，才放冷了，便做不得。

天下萬事有大根本，而每事之中又各有要切處。所謂大根本，固無出於人主之心術。所謂要切處，則必大本既立，然後可推而見。若徒言正心，而不足以識事物之要，或精覈事情，而特昧夫根本之歸，則是腐儒迂闊之論，俗士功利之談，皆不足與論當世之務。

恢復之計，須是自家喫得些辛苦，少做十年或二十年，多做三十年，豈有安坐無事而大功自致之理。

今朝廷之議，不是戰，便是和，不戰便和，不知古人不戰不和之間，亦有箇硬相守底道理，卻一面自作措置。今五六十年間，只以和為可靠，兵又不曾練得，財又不曾蓄得，說恢復底都是亂說。

凡朱子指陳當時形勢，規劃兵財大計，不作高論，不落虛談，坐而言，皆可起而行，其一切見解，多從史學中來。惜其一生出仕時少，居家時多，其仕亦在州郡。身居朝廷，不到百日。凡其所言，雖皆指陳精要，恰中機宜，然亦迄未見用。至謂興起之事不可一日緩，維持之事只有漸正之，此乃最切實之言。故其畢生惟以講學為急，其論時事，則除明快把捉恢復時機外，在時勢不符，機會不到中，仍亦一一有其維持漸正之方。史學理學會合使用，此在千古大儒中，實亦難其匹儔。後人乃謂伊洛無救於靖康之難，朱子無救於南宋之亡，則孔子亦何補於春秋，孟子又何補於戰國。正為不治史學，乃為此孟浪之談。

朱子於著史論史外，尤長於考史。自謂：

考證又是一種工夫，所得無幾，而費力不少，向來偶自好之，固是一病，然亦不可謂無助。

朱子考證工夫，多用在史學上，而又博及古今。考天文，考曆法，考地理，考水道，考形勢，考風土習俗，考陣法，考弓馬，考衣冠制度，考聲律，考花草，考魚鳥，而最多則在考史事。其考古史，較其所得，亦遠超於後人之畢生從事，如清儒崔述東壁考信錄之類。其於近代史，考論愈詳。如論荊公變法，新舊黨爭，皆經細覈，不涉空言。即如其於濂溪，不僅闡述其思想，復詳考其生平行事著作，使後人重知濂溪其人其事。朱子考證工夫，誠亦不可謂其非卓越於古今。

（二十九）

以上略述朱子之史學，以下當續述朱子之文學。

理學家於文學，似乎最所忽視。濂溪有文以載道之論，其意重道不重文。惟朱子文道並重，並能自為載道之文。嘗曰：

> 歐陽子知政事禮樂之不可不出於一，而未知道德文章之尤不可使出於二。有是實於中，則必有是文於外。蓋不必託於言語，著於簡冊，而後謂之文。易之卦畫，詩之詠歌，書之記言，春秋之述事，與夫禮之威儀，樂之節奏，皆已列為六經，而垂萬世。其文之盛，後世固莫能及。

此乃言廣義之文學，以經學文學貫通合一言之，而理學精神亦自包孕在內。朱子論學重博通，重一貫，故能言及於此。又曰：

韓愈氏慨然欲追詩書六藝之作，然略知不根無實之不足恃，而其論古人，則又以屈原孟軻司馬遷相如揚雄為一等，而不及於賈董。其論當世之弊，則但以詞不己出，而遂有神徂聖伏之嘆。

此見朱子論文，別有一標準。司馬相如揚雄辭賦家言，不得與屈原孟子並列。賈誼董仲舒，則不當擯之在文外。至於詞必己出，不得懸為文章之能事。朱子論文，推而通之既欲極其廣，分而別之又必極其嚴。凡朱子論學皆如此，論文亦其一端。

朱子既揭文道合一之論，以文學通之於經學。又進一步以文學通之於史學。謂：

有治世之文，有衰世之文，有亂世之文。六經，治世之文也。如國語，委靡繁絮，真衰世之文耳。至於亂世之文，則戰國是也。然有英偉氣，非衰世國語之文之比。楚漢間文字，真是奇偉，豈易及。

既曰文道一致，則文章自可通之於世運。而朱子重視亂世之文尤過於衰世之文，謂戰國亂世之文有英偉氣，非國語衰世文可比，則又是一項高明特達之見，非深於文者不能知，尤非深於史者不能知，更非深於道者不能知。又曰：

大率文章盛則國家卻衰，如唐貞觀開元都無文章，及韓昌黎柳河東以文顯，而唐之治已不如前。

國初文章，皆嚴重老成。嘗觀嘉祐以前誥詞等，言語有甚拙者，而其人才，皆是當世有名之士。蓋其文雖拙，而其辭謹重，有欲工而不能之意，所以風俗淳厚。至歐公文字，好底便十分好，然猶有甚拙底，未散得他和氣。到東坡文字，便已馳騁忒巧了。及宣政間，則窮極華麗，都散了和氣。所以聖人取先進於禮樂，意思自是如此。

此更以文章覘世運，而闡入幽微。其論文，寧拙毋巧，寧重毋薄，皆與理學相通。

因說科舉所取文字，多是輕浮，不明白著實。因歎息云：最可憂者，不是說秀才做文字不好，這事大關世變。東晉之末，其文一切含胡，是非都沒理會。

因論某人言，曾於某處見虜中賦，氣脈厚。先生曰：那處是氣象大了，說得出來自是如此，不是那邊人會。

此處從當時南北雙方科舉文字推論及於文風世運，更涉深微。此間秀才文字輕薄，可見風氣已壞。非是秀才做文字不好，乃是秀才做人先不好，此大堪憂。那邊人作賦氣脈厚，此乃北方中原地理背景使然。而宋金雙方國運消長，亦由此可推。

朱子亦多就文論文語，所論率多著眼於文章之神理氣味。理學注重人格修養，一文之神理氣味，即是此文之文格表現，亦即是此文作者心智修養之表現。故曰：

貫串百氏及經史，乃所以辨驗是非，明此義理。豈特欲使文詞不陋而已。義理既明，又能力行不倦，則其存諸中者必也光明四達，何施不可。發而為言，以宣其心志，當自發越不凡，可愛可傳。

其論西漢有曰：

董仲舒文字平正，只是困善，無精彩。匡衡劉向諸人文字皆善弱，無氣燄。司馬遷文雄健，意思不帖帖，有戰國文氣象。賈生文字雄豪可喜，只是逞快，下字時有不穩處。

武帝以前文雄健，武帝以後便實，到杜欽谷永，又太弱無歸宿了。

朱子以理學大師，而於仲舒匡劉杜谷儒者之文皆致不滿。又論仲舒文尚在司馬相如揚雄之上。此等處，皆見朱子論文學之獨具隻眼處。其論宋文則曰：

東坡文字明快，老蘇文雄渾，儘有好處。

從理學立場論，朱子極不喜蘇氏父子。就文論文，則加讚許。又曰：

李泰伯文實得之經中，雖淺，然皆自大處起議論，文字氣象大段好，甚使人愛之。亦可見其時節方興。老蘇父子自史中戰國策得之，故皆自小處起議論，歐公喜之。李不軟貼，不為所喜。又曰：以李視今日之文，如三日新婦，然某人輩文字，乃蛇鼠之見。

此節尤見朱子論文之獨具隻眼處。其指導人學文，則曰：

人要會作文章，須取一部西漢文，與韓文歐陽文與南豐文。

韓文高，歐陽文可學，曾文一字換一字，甚嚴，然太迫。

朱子學文自南豐入，然其評曾文，又能深中其病。即就文學一端言，亦可見其為學之博通與深至，嚴正而無阿。

朱子論詩，則謂古今有三大變。

自虞夏以來，下及魏晉為一等。晉宋間顏謝以後下及唐初為一等。沈宋以後，定著律詩，下及今日，又為一等。唐初以前，為詩固有高下，而法猶未變。至律詩出，而後詩之與法始皆大變。

此在朱子心中，其所理想之詩，亦自有一標格。而以文學史觀點通論古今，衡評其於此標格之離合遠近而定其高下，此其意境之遠卓，亦決非僅僅模擬以為詩者之所知。嘗謂：

欲抄取經史諸書所載韻語，下及文選漢魏古詞，以盡乎郭景純陶淵明之所作，自為一編，而附於三百篇楚辭之後，以為詩之根本準則。又於其下二等之中，擇其近於古者各為一編，以為之羽翼輿衛。然顧為學之要有急於此者，亦復自知材力短弱，決不能追古人而與之並，遂悉棄去不能復為。

朱子之終未為此，亦當為詩學發展上一大可惜之事。

朱子又謂：

古人之詩，本豈有意於平淡。但對今之狂怪雕鎪，神頭鬼面，則見其平。對今之肥膩腥臊，酸鹹苦澀，則見其淡。自有詩之初以及魏晉，作者非一，而其高者無不出此。

又曰：

嘗以為天下萬事皆有一定之法，學之者須循序而漸進。如學詩，則且當以此等為法。向後若能成就變化，固未易量，然變亦大是難事。李杜韓柳，初亦皆學選詩。然杜韓變多而柳李變少。變不可學，而不變可學。故自其變者而學之，不若自其不變者而學之。學者其毋惑於不煩繩削之說而輕為放肆以自欺也。

朱子論詩主平淡。論學詩，則謂不變可學，而變則不可學。此皆極可珍貴之至論。至於謂可以不煩繩削，而提倡自由抒寫之說，則為朱子所反對。而朱子自為詩，則脫胎選體，於宋詩中獨為突出。理學家中能詩者，北宋有康節，明代有陳憲章白沙，較之朱子詩之淵雅醖藉，殆皆不如。

朱子於文學，生平有三大著作。一在中年，為詩集傳，已略述於經學篇。又二為韓文考異與楚辭集注，皆在晚年。韓文考異校勘精密，識解明通，不僅為校勘學開出無窮法門，而凡所斷制，實多有僅知從事校勘者所莫能窺其高深之所在。蓋自有考異，而韓集遂有定本可讀，後人亦卒莫能超其上。楚辭集注亦為治楚辭者一必讀書。此乃朱子晚年最後完成之一部著作。在其易簀前三日，改大學誠意章，又修楚辭一段。其改誠意章，人人知之，而朱子一生最後絕筆，實為其修楚辭一段，此則後人少所述及，尤當大書特書，標而出之，以釋後人群認為理學家則必輕文學之積疑。

（三十）

以上略述朱子之文學，此下當續述朱子之雜學。

當時理學家風氣，為學務求一出於正，於旁雜之學皆欲刪薙。即文史之學，亦尚以旁雜視之。學術影響於生活，故理學家常不免有拘束枯燥之嫌。其途嚴而窄。朱子力主博通，又其興趣橫逸，格物窮理，範圍無所不包，故其學似不免出於雜。今當續述朱子之雜學，分作游藝與格物兩項，先述其游藝之學之一面。

論語有曰：志於道，據於德，依於仁，游於藝。孔子親以禮樂射御書數六藝設教，惟後世六藝幾皆廢，朱子於論語此條頗極重視。集注說之曰：

游者，玩物適情之謂。藝，皆至理所寓，日用之不可闕。朝夕游焉以博其義理之趣，則應務有餘，而心亦無所放。

游藝則小物不遺，而動息有養。學者不失其先後之序，輕重之倫，則本末兼該，內外交養，日用之間無少間隙，涵泳從容，忽不自知其入於聖賢之域。

程門戒玩物，無事且教靜坐。朱子此番意見，顯已從二程轉手。同時陳龍川深譏之，謂：

> 張敬夫呂伯恭於天下義理，自謂極其精微，於物情無所不致其盡，而於陰陽卜筮，書畫技術，及凡世間可動心娛目之事，皆斥去弗顧。朱元晦論古聖賢之用心，平易簡直，直欲盡擺後世講師相授，世俗相傳，以徑趨聖賢心地。抱大不滿於秦漢以來諸君子，而於陰陽卜筮書畫技術皆存而好之，豈悅物而不留於物者固若此乎。

實則朱子所不滿於秦漢以來之儒者，為其窮理之未精。其留心於諸藝，乃為其亦皆有理寓焉，於格物窮理之中，固不妨有玩物適情之趣。正為當時理學家都於此忽視，龍川乃以子之矛攻子之盾，而朱子之在當時理學界風氣中，別具見解，別創風格，此意乃不為龍川所識。

朱子在三十三歲時自言，二十年來，與黃子衡為東西鄰，朝夕聚而語，六經百氏之奧，立身行事之方，與夫當世之得失，無不講以求其至。而及乎文章之趣，字畫技藝之工否者皆其餘。是游藝之學，正是朱子一種餘興，自青年以至於中年，即已寄好於此。又曰：

> 此雖餘事，亦見游藝之不苟。

餘事不苟，亦正是一種養心之道。

朱子深好書法，早年乃學曹操，晚年乃喜荊公。自謂其父自少好學荊公書。或嘗論之，以其學道於河洛，學文於元祐，而學書於荊公為不可曉。朱子題荊公某帖，謂：

愛其紙尾三行，語氣凌厲，筆勢低昂，尚有以見其跨越古今，斡旋宇宙之意。

此皆一種藝術上欣賞心情之流露。然朱子又謂：

張敬夫嘗言，平生所見王荊公書，皆如大忙中寫，不知公安得有如許忙事。此雖戲言，然實切中其病。平日見得韓公書蹟，雖與親戚卑幼，亦皆端嚴謹重。蓋其胸中安靜詳密，雍容和豫，故無頃刻忙時，亦無纖芥忙意。與荊公之躁擾急迫正相反。書札小事，而於人之德性，其相關有如此。

可見藝術欣賞之與道德修養，亦不妨有時分歧別出，但最後終貴能會歸而一致。朱子評書法，亦一如其評文章，皆從文藝表現而直透到心術精微，而其襟懷之寬宏，與其趣味之肫摯，其風度高卓，雖屬小節，亦可見其德性修養之所至，足供後人無限之仰慕。其他品評歷代名家書法，皆可謂從道藝合一論之立腳點出發。

朱子於書法外，亦好繪事，並亦自能作畫。在其卒前兩三月內，因一鄉人新作一亭，欲畫東漢晚年陳寔荀淑相會事。朱子為之計劃如何繪出其事首尾於一靜的畫面上，而又一一為之考究其車服制度，想像其人物風采，博訪周諮，並覓畫手，又為畫屏作贊，為畫工作贈序，為其晚年文字作最後殿軍。其餘事不苟有如是，其文采風流又如是。

朱子又好琴，並精樂律。蔡季通游其門，精數學，朱子以老友視之。嘗有兩書答季通論琴，謂：

> 大抵世間萬事，其間義理精妙無窮，皆未易以一言斷其始終。須看得玲瓏透脫，不相妨礙，方是物格之驗。

及季通以偽學禁赴貶所，朱子與書曰：

> 律書法度甚精，近世諸儒皆莫能及。但吹律未諧，歸來更須細尋討。

季通能言琴理，而不能琴，朱子每以為憾。而甚推其律呂新書。然猶憾其吹律未諧，欲其自貶所歸後再尋討，而季通終卒於貶所。此皆屬朱子晚年事。以一理學大師，當怫逆困境，猶潛心此等專家絕業，洵非常情所能測。

朱子又能言醫事與藥物。有送夏醫序，謂：

> 嘗病世之論者，以為天下之事，宜於今不必根於古，諧於俗不必本於經。夏君之醫，處方用藥，奇怪絕出，有若不近人情，而其卒多驗。問其所以然，則皆據經考古而未嘗無所自。

又論關脈定位，謂世傳叔和脈訣，非叔和本書，然似得難經本指，而不取郭長陽書中密排三指之法。則朱子於醫書亦所用心。朱子又嘗告其朋舊，無事時不妨看藥方，可知得養生之理。

> 問陸宣公既貶被謗，闔戶不著書，祇為古今集驗方。曰：豈無聖經賢傳可以玩索，終不成和這箇也不得理會。

是朱子講游藝之學，仍重辨先後，論輕重。必是問者失此指，故朱子以此答之。

朱子又能言靜坐養生之術，常與蔡季通討論及於參同契。及季通貶，朱子送行，尚以參同契為言。後乃自為此書作注，題曰空同道士鄒訢，其不猶常情處如此。此亦為後人所譏，然朱子理學，乃別有其一番境界，實為後人所不知。

龍川又言朱子好陰陽卜筮，言陰陽乃為言宇宙問題一大節目，言卜筮則以旁通於治易。朱子又嘗言相人術，言地理書。以一曠代大儒，而於世間方伎雜術百家小書，雖不輕信苟從，亦不一切鄙斥。蓋理學家言理，每偏於嚴而窄，朱子則主和而通。然苟非有如朱子心力之磅礴，興趣之橫溢，則其事實難，無怪象山以支離譏之。今若把朱子全部學術只當作一件藝術看，亦可為後人留無窮欣賞之餘地。

以上略述朱子雜學中之游藝學，此下當續述朱子雜學中之格物學。

朱子論格物，已專章略述。其涵意甚廣，上自宇宙，下至人生，靡所不包。亦可謂朱子全部學術，即是其格物窮理之學。惟今人言格物，則專指自然科學，與朱子之注重人生界更遠過其注重宇宙界者不同。故朱子言格物，不得謂其是一自然科學家，然朱子於自然科學方面亦有貢獻。以朱子觀察力之敏銳，與其想像力之活潑，其於自然科學界之發現，在人類科學史上，亦有其遙遙領先，超出諸人者。論朱子之時代，尚遠在近代自然科學發生以前數百年，當時中國學術界，留心此方面者並不多，而專門分科之業亦尚不受人重視。朱子以理學大儒，而其科學發現亦復如此之卓越，誠當大書特書而標出之。

朱子科學上發現之最值提起者，為其因化石而推論及於地質演變之一端。其言曰：

常見高山有螺蚌殼，或生石中，此石即舊日之土，螺、蚌即水中之物。下者變而為高，柔者變而為剛，此事思之至深，有可驗者。

今高山上多有石上蠣殼之類，蠣須生於泥沙中，今乃在石上。天地變遷，何常之有。山河大地初生時，尚須軟在。

天地始初，混沌未分時，想只有水火二者。水之滓腳便成地。今登高而望，群山皆為波浪之狀，便是水泛如此。只不知因甚麼時凝了。初間極軟，後來凝結得硬。

天地初間，只是陰陽之氣。這一箇氣運行，磨來磨去，磨得急了，便拶出許多渣滓，裡面無處出，便結成箇地在中央。日月星辰只在外，常周環運轉。地在中央不動，不是在下。

以上乃由見高山上化石而推論及於地層變化，與此後西方科學上之發明，義無二致。朱子又曰：

天運不息，晝夜輥轉，故地摧在中間。使天有一息之停，則地須陷下。

造化之運如磨，上面常轉而不止。萬物之生，似磨中撒出，有粗有細，自是不齊。如人以兩盌相合，貯水於內，以手常常掉開，則水在內不出。稍住手，則水漏。

> 天四方上下都周匝無空闕，逼塞滿皆是天。地之四向，底下卻靠著那天。天包地，其氣無不通。恁地看來，渾只是天。

此由地質推論到天文。以近代科學家言繩之，朱子所言固屬粗疏，然亦有失有得，其想像力之偉大，誠屬可驚。又曰：

> 天運於外，地隨而轉。今坐於此，但知地之不動，安知天運於外，而地不隨之以轉耶。

朱子先認地在天中，後又認地亦隨天而轉，此皆在朱子之晚年。隨時思索，遞有推進。又有星不貼天之說，獨於古人積見持異議。

> 問：康節論六合之外，恐無外否？曰：理無內外，六合之形須有內外。曆家算氣，只算得日月星辰運行處，上去更算不得。安得是無內外。

此又說曆法有限，而推論到六合之外去。又曰：

> 天只是一箇大底物，須是大著心腸看它始得。以天運言之，一日固是轉一匝。然又有大轉底時候，不可如此偏滯求。

朱子既言地在天中，又言天在日月星辰之外，曆家只算得日月星辰之小運行，此外尚有大運行。此等想法，皆前人所未及。朱子乃玩索邵康節之漁樵對問而推說及此。大抵朱子言宇宙，皆因濂溪橫渠康節說而益加推進。伊川懷疑康節六合無外之說，朱子不之取。

朱子又曰：

> 天地之初，如何討得人種，自是氣蒸結成。似今人身上虱，是自然變化出來。

此乃討論到物種原始。因此又歷引釋氏及道家言。又如論：

> 月體常圓無闕，但常受日光為明。月中是地影。古今人皆言月有闕，惟沈存中云無闕。

此又見朱子之博及群書，而善加采擇。沈氏為人，為當時理學家所輕，朱子獨重其書。亦如伊川為當時理學家所重，而朱子獨非其說。又如謂：

> 氣蒸而為雨，如飯甑蓋之，其氣蒸鬱，而汗下淋漓。氣蒸而為霧，如飯甑不蓋，其氣散而不收。

此其隨事窮格之精神與其觀察力之明銳皆可見。

朱子於自然物理，極富興趣，雖微末小節，亦所不忽。但必一一證之於實驗，否則不加輕信。嘗聞人言：

> 昔有道人云：筍生可以觀夜氣，嘗插竿以記之，自早至暮，長不分寸，曉而視之，已數寸矣。後在玉山僧舍驗之，則日夜俱長，良不如道人之說。

此事與陽明格庭前竹子，正可相映成趣。朱子言格物，必先有一問題存在，乃從此問題循而探討，故曰因其已知之理而益窮之。如聞一道人言，僧舍偶閒，乃驗筍之生長。此亦所謂玩物適情，朱子之格物學乃與其游藝學相通合一。而朱子之博學多通，曠古無匹，亦可由此等處窺見其所以然之消息。

（三十一）

以上略述朱子之雜學，即游藝與格物之學。至是而朱子學術之大體，已約略分述。此下當再略述朱子學之流衍。

朱子生時，四方學者嚮附雲集。及其身後，其學流衍益廣。所著書，如四書集注章句及詩易兩種，元明清三代皆懸之功令，定為取士標準，凡應舉者皆所必讀。其學影響後世之深且大，可勿論。但朱子之學，既廣博無涯涘，又其所追求嚮往之最後目標，更為高遠。畢生常在孜孜兀兀中向前不輟，學者旅進旅退，雖曰親炙，或相從歲月不久。朱子之卒，其弟子著者，如黃幹直卿，輔廣漢卿，陳淳安卿，陳埴器之，李燔敬子，張洽元德，廖德明子晦，李方子公晦，蔡沈仲默，皆能確守師承。然而傳述發明已不易，充實光大事更難。而宋室日替，以至於覆滅，朱門再傳，如魏了翁鶴山，真德秀西山，其卒皆距宋亡不遠。至如黃震東發，王應麟伯厚，乃朱門三傳，均已老死於宋亡之後。文天祥文山，則以身殉國。是則朱學之不獲大昌於後，實與國運世運互為因果，較之孔子身後，殆是更為不幸。

元之所以為元，則尚幸有諸儒，或在朝，或在野，牽補彌縫其間。其著者，許衡魯齋在朝，劉因靜修在野，皆朱學也。而吳澄草廬，最為一時魁傑。其五經纂言，有功經術，論者謂其接武建陽。然其時已有和會朱陸之說，草廬亦言之，曰問學不本於德性，其蔽必偏於語言訓釋之末。蓋其時朱子書已成為獵取功名之途，故草廬特提尊德性與道問學之辨。然草廬言道統則曰：近古之統，周子其元，程張其亨，朱子其利，孰為今日之貞乎。斯其所自任可知，而其終奉朱子為傳統之正亦可知。

明祖開國，華夏重光，而儒運則熸。方孝孺正學之死，元氣抑遏殆盡。此下明代理學，乃是一不絕如縷之局面。直俟陳獻章白沙王守仁陽明先後迭起，而後理學大振。然白沙微近北宋之康節，陽明出而朱陸異同之公案復熾。王學昌行，朱學消沉，至東林始有由王返朱之意嚮。然東林僅從王學角度窺朱學，亦未能觸及朱子學之大體系。明代朱學流衍，惟羅欽順整菴一家，所得較深。

晚明三大儒，顧炎武亭林，始自東發厚齋上窺朱子，著為日知錄，上篇經術，中篇治道，下篇博聞，儼然朱子學之榘矱。然曰：理學之名，自宋人始有之，古之所謂理學者經學也，其意乃欲以古人經學替出宋明理學，終是於朱子精神有距離。黃宗羲梨洲，則欲以經史實學來變講堂錮習。講堂錮習，正是明末王學積弊，而經史實學，則理學家中惟朱子一脈有其傳。梨洲有曰：

讀書不多，無以證斯理之變化，多而不求於心，則為俗學。

斯言頗近朱子。惟梨洲自負為王學傳統，於此乃不自知。其時最能發揮兩宋理學周張程朱之傳統者，為王夫之船山。船山能精思，務博學，於莊老釋氏書皆所深研，其為學規模極似朱子，而船山之最後宗主則為橫渠。又有陸世儀桴亭，著思辨錄，調和朱王，而呂用晦晚村，原本朱子四書義，宣揚民族精神，罹身後極禍。蓋其時正是學術將變，群言競興，而尚未有定向。乃亦有專意攻擊朱子者，南北各一人。在北方為顏元習齋，在南方為毛奇齡大可。

習齋駁斥朱子，並駁斥及於宋明理學之全部。力言禮樂事物，而不治經史，篤古而不通今。大可則自居為陽明學，著有四書改錯一書，分三十二門四百五十一條，歷辨朱子四書注，幾於無一條不錯，謂聚九州四海之鐵鑄不成此錯。而閻若璩百詩則謂天不生宋儒，仲尼如長夜，朱文公三代下孔子。清初學術界，多采多姿，異說蠭起，精神壯闊，依稀使人重覩先秦與北宋之遺風。

清廷於其時乃一意提倡宋學，並特尊朱子。康熙五十一年，升朱子配享孔廟，續修朱子全書，又御纂性理精義。雍正二年，特以其時專治朱子學者陸隴其稼書從祀兩廡。朝廷刻意崇揚於上，而學術界乃肆力反對於下。惠棟定宇專尊漢學，方朱子配享孔廟之年，乃一十六歲青年，專反宋學與朱子之戴震東原，於陸稼書從祀兩廡時方兩歲，而紀昀曉嵐適一歲。逮此諸人年長成學，而一時風氣大變，成為清代乾嘉盛世漢儒經學獨行之時代。

定宇一家，三世傳經，其父士奇天牧，嘗手書楹帖云：六經尊服鄭，百行法程朱。是尊漢猶不反宋。及定宇則曰：宋儒之禍，甚於秦灰。風氣激變，即在惠氏一家父子之間而可見。東原初從學於江永慎修，慎修極尊朱子，承朱子之儀禮經傳通解而為禮書綱目，自謂欲卒成朱子之志。又為近思錄集注，自謂幸生朱子之鄉，取其遺編輯而釋之，或亦先儒之志。東原自述其學本之慎修，然其為孟子字義疏證，則謂程朱以意見為理而禍天下。是則風氣激變，即在江戴二人師弟子之間而亦可見。

然而此一風氣，其來也驟，其去亦忽。江藩鄭堂得師傳於惠氏，作為漢學師承記，初不列黎洲亭林，謂兩家之學，皆深入宋儒之室，但以漢學為不可廢，多騎牆之見，依違之言，非真知灼見者。其友非之，謂兩人實啟國朝經學，今為拘牽之論，何所見之不廣，乃補寫黃顧兩人於師承記之末。又於其後特為宋學淵源記，於清初諸臣自號述朱，獲朝廷寵眷，顯貴一時者皆不列。陸稼書特邀從祀之典，亦不列。即王懋竑白田，以畢生精力為朱子年譜一書，考據極精審，因其尊朱，亦不列。其書所列，或處下位，或伏田間，聲聞不廣，姓氏將湮，殆多無足輕重。江氏此書，固不足重，而其風之變則可見。

阮元芸臺，乃東原私淑，一意尊漢排宋。然其晚年在粵，推譽陳建清瀾學蔀通辨，謂其學博識高，為三百年來之崇議。又謂朱子中年講理，固已精實，晚年講禮，尤耐繁難。東原孟子字義疏證，江鄭堂國朝經師經義目錄有其書，而阮纂清經解顧不收，此其意態之變亦可知。

又汪中容甫好詆宋儒，其子喜孫孟慈，乃謂皆出凌廷堪次仲之所誣讕。至如章學誠實齋，謂東原戒人以鑿空言理，其學實自朱子，而醜貶朱子，斥其謬妄。方東樹植之，在阮芸臺幕中著為漢學商兌，謂當時諸儒於諸經注疏實未嘗詳玩，客氣好事，矯異矜名。非惟不能入宋儒之室，亦斷未能若唐賢之真實。其後陳澧蘭甫，乃力主教人讀注疏，著為東塾讀書記十五卷，特立朱子一卷。謂朱子自讀注疏，教人讀注疏，而深譏不讀注疏者。謂昔時講學者多不讀注疏，近時讀注疏者乃反訾朱子，皆未知朱子之學。又曰：朱子好考證之學，而又極言考證之病。讀書玩理與考證，自是兩種工夫，朱子立大規模，故能兼之。學者不能兼，則不若專意於其近者。近者即指宋學義理。陳氏為學，乃有聞於阮氏在粵之風教而起。然而其變則速於置郵而傳命。故所謂乾嘉經學，亦僅止於乾嘉一時而止。道咸以下，其亡其亡，繫於苞桑，風氣已變，早不是乾嘉。

在乾嘉時，堅立漢宋壁壘，深斥宋儒，亦由有激而起。其上則激於清廷之尊朱，其下則激於媚清以求顯達者，群奉朱子為正學而嚴斥陸王。清廷屢興文字大獄，實使在野學者深抱反抗心理，不得已而於故紙堆中爭意氣。惟激而過偏，人心易倦。惜未有大儒繼起，使其變而一歸於正。繼此乃有主張變法之公羊學興起，此亦有激而來。而今古文之爭，遂使清儒經學隨清政權而俱亡。民國以來，讀書博古之風已息，言學者僅知有清儒，於清儒中僅知有乾嘉，於乾嘉學中僅知有考據。乾嘉以前如梨洲亭林，乾嘉以後如實齋蘭甫，其學之通博，已皆不能深知。又不喜言義理思想，其意若謂義理思想盡在西方，故僅求以乾嘉考據來重新估定傳統上一切價值。侈言先秦諸子，亦借以為蹈瑕抵隙之助。孔子尚務求打倒，更何論於程朱？而朱子博通之學，其規模之大，條理之密，亦更不易為近代學人所瞭解。

（三十二）

以上略述朱子學之流衍，以下當再略述研究朱子學之方法，以終斯篇。

朱子讀書多，著書多，所著書中所牽涉之問題多，此三多，為古今諸儒所莫逮。故治朱子學而求能盡其條理，得其會通，事大不易。今言研究朱子學之方法，則莫如即依朱子所以教人讀書為學之方，以讀朱子之書，求朱子之學。

朱子教人讀書，必以熟讀其人之本書正文為主。如讀論語，古今說論語者何限，而讀論語者，自必以論語本書正文為主。其他諸說，則僅能作參考，不能作正主。至於捨卻本書正文，不務參考旁求，而僅主自創己見，其事乃更為朱子所力戒。朱子距今八百年，衡評及於朱子之學者，何止數百家。或尊或斥，其間相去，有如霄壤。今於此數百家異說之外，更創一說，亦不因而見多。默爾而息，不再創說，亦不因而見少。若欲求明朱子學之真相，則莫如返求之朱子之書。多所涉獵於述朱諍朱之間，而於朱子本人之書不精不熟，勢將泛濫而無歸，亦如治絲之益紛。

朱子書，可分為兩大類。一為其著述書，最為後世傳誦者，如四書集注章句，易本義，詩集傳，近思錄之類。又一為其文集與語類，文集一百卷，又續集再續集各二十卷。語類亦一百四十卷。此兩百八十卷書，後人能首尾循覽終卷者殊不多。然若專讀其著述書，而不讀其文集與語類，則如朱子教人常云喫饅頭僅撮一尖，終不得饅頭之真味。本人為朱子新學案，於其文集語類兩百八十卷書，逐篇逐條均經細讀，乃見朱子著述各書，其精義所在，其餘義所及，多為只讀各書所未易尋索者。又見朱子為學之會通處，有在其各種著述之上之外者。乃知不讀文集語類，即無以通朱子之學。

除理學家外，率多鄙視語錄。一則謂此體襲自禪宗，一則謂既非語者親筆，錄者容有誤記。即在理學家中如二程，常戒來學者勿只重聽說話。在其門人中，亦有疑他人記錄有誤，不加重視者。然朱子則極不以為然。朱子深究二程之學，即從語錄參入。固亦有疑其門人誤記處。然苟無語錄，試問二程之學，又將於何處窺尋。

朱子之歿，其門人競出平日所記加以刊布，黃幹直卿序之曰：

> 記錄之語，未必盡得師傳之本旨。而更相傳寫，又多失其本真。甚或輒自刪改，雜亂訛舛，幾不可讀。

然又曰：

先生之著書多矣，教人求道入德之方備矣。師生函文問，往復詰難，其辨愈詳，其義愈精。讀之竦然如侍燕間，承謦欬也。歷千載而如會一堂，合眾聞而悉歸一己，是書之傳，豈小補哉。

又李性傳成之序曰：

池錄之行，文肅黃公直卿既為之序。其後書與伯兄，乃殊不滿意。且謂不可以隨時應答之語易平生著述之書。性傳謂記者易差，自昔而然。和靖稱伊川之語曰：某在，何必觀此書？文公先生則曰：伊川亡，則不可以不觀。愚謂語錄與四書異者，當以書為正，而論難往復書所未及者，當以語為助。與詩易諸書異者，在成書之前亦當以書為正，而在成書之後者，當以語為是。非特此也，先生平日論事甚眾，規恢其一也。至其暮年，乃謂言規恢於紹興之間者為正，言規恢於乾道以後者為邪，非語錄所載，後人安得而知之。

伯兄謂李心傳微之。直卿雖有不滿語類之意，成之所云可謂正論。如論孟集注成於朱子四十八歲，此後二十餘年遞有改易，其最後所定，固是觀今本而可知。然其二十餘年中不斷改定之曲折層次，則幸有語類可資鉤稽，此性傳所謂當以語為助也。又如易本義成稿後即未有改定，而語類論易，多有在本義後與本義異者，此性傳所謂當以語為是也。

抑且著書作文與對面言談自有不同。流落人間者，泰山一毫芒，學者千里從師，不以讀其書為足，必以見其人為快。不僅可以質疑問難，亦必有聞其所未聞者。朱子語類，尤與其他理學家之語錄不同。理學家語錄，大率多談性理，朱子語類，則上自天地之所以高厚，下至一物之微，幾於無所不談。今語類一百四十卷中，軼出於其著書範圍者甚多。性傳指其言規恢一端，誠如滄海之一粟而已。直卿重其師之著述，而輕其同門之所記錄，竊恐將使後人無以真得朱子學之大精神所在。直卿之言曰：歷千載而如會一堂，合眾聞而悉歸一己，是書之傳，豈小補哉，斯可謂直卿對語類一書價值最恰當之評論。

袁桷清容有言，朱子門人當寶慶紹定時，不敢以師之所傳為別錄，以黃公勉齋在也。勉齋既沒，夸多務廣，語錄語類爭出，而二家之矛盾始大行。竊謂此說亦頗易啟後人對語類之誤會。朱陸之爭，朱子貽書友好，常囑勿傳布，恐多增紛呶。其隨時面告門人，亦必戒其勿多宣揚。並屢以集兩家之長，補自己之短為訓。然兩家之有爭論，則為不可掩之事實。直卿朱子行狀有曰：

> 求道而過者，病傳注誦習之煩，以為不立文字，可以識心見性。不假修為，可以造道入德。守虛靈之識，而昧天理之真。借儒者之言，以文佛老之說。學者利其簡便，詆訾聖賢，捐棄經典。猖狂叫呶，側僻固陋，自以為悟。

此其斥陸學，可謂辭嚴義正。又為書朱子行狀後有曰：

> 流俗之論，以為前輩不必深抑，異說不必力排。稱述之辭，似失之過。孔孟諸賢，至謂孔子賢於堯舜，豈以抑堯舜為嫌乎？孟子闢楊墨而比之禽獸，衛道豈可以不嚴？夫子嘗曰：莫我知也夫，又曰知德者鮮矣，甚矣聖賢之難知也。知不知，不足為先生損益，然使聖賢之道不明，異端之說滋熾，是則愚之所懼，而不容於不辯。

此處言異端，正指陸學。直卿方以尊師斥陸為不容已之辯，烏有如清容之所云。

抑且語類中直指二程解經誤失，不下三四百條以上，其駁正二程之自立說者亦復不少。其於程門諸儒之走失師傳，更多指摘。此皆不見於文集及著述中。文集著述發明大義，其與門弟子之談說，則轉多微言。若置語類不讀，豈能得此曲折細微之所在。

惟讀文集語類，有一點最當注意者，即為文集各篇語類各條之年代先後。文集起自朱子二十餘歲，先後共歷四十餘年。語類起自朱子四十餘歲，先後共歷二十餘年。其間多有明白年代可據，亦有可推勘而得。亦有雖不能得其確年，而可斷定其在某年上下數年之內者。朱子歷年思想見解之遞轉而遞進，與夫其言辨考索之愈後而愈密，皆可由此覘之。其間容有記錄錯失，然果錯縱以求，會合而觀，亦將無所遁形。惟如吳堅所云：但涉獵乎語錄，而不玩味於成書，幾乎而不為入耳出口之資，此則亦所當戒。

清儒朱澤澐止泉論朱子語類極為有見，茲錄其語如下。

語類一書，晚年精要語甚多。五十以前，門人未盛，錄者僅三四家。自南康浙東歸，來學者甚眾，誨諭極詳。凡文詞不能暢達者，講說之間，滔滔滾滾，盡言盡意。義理之精微，工力之曲折，無不暢明厥旨。誦讀之下，謦欬如生。一片肫懇精神，洋溢紙上。在當日諸門人，前後各得一說，彼此各聞一義，而後人讀之，反聚前後彼此之各聞者，彙萃參伍，這處那處，表裡始終，真有登高自卑，行遠自邇，漸進漸高遠之妙。是安可概以門人記錄之不確而忽之。

此最為能道出語類價值所在。蓋語類乃是朱子五十後晚年學問思想所薈萃，而又隨問流露，活潑生動，委悉詳備。語類之在朱學全部系統中，正如畫龍點睛，使人讀之，有破壁飛去之感。朱子之精神笑貌，畢寓於此，千年如會於一堂，眾聞悉歸之一己，較之親炙，亦何多遜。治朱學而期於深山之得寶，則語類一書，斷不可忽。本書所收材料，以文集語類為主。屬晚年者，則更以語類為多。至於朱子之著述，有待學者循書尋索，首尾備究。本書所引，力求簡省。即四書集注章句，亦復如此。學者幸勿以本書不多引及而忽之。

惟有一事最當提及者，門戶之見，實為治朱學者一絕大之障蔽。明程敏正篁墩著道一編，證朱陸兩家之始異而終同。王陽明朱子晚年定論繼之。其說之非，同時羅欽順整菴已疑之。此後陳清瀾學蔀通辨對王說力肆詆辯。此下言朱學者則必稱清瀾之書。然朱子成學在晤象山以前，其為學自有根柢與其獨特之精神所在，初不為針對象山而發。今於學術大範圍之內，單劃出理學一小圈，又於理學一小圈之內，專鈎出朱陸異同一線，乃於此一條線上進退爭持。治陸王學者，謂朱子晚年思想轉同於陸，此猶足為陸學張目。治朱子學者，僅證得朱子晚年並無折從於陸之痕迹，豈朱子學之價值固即在是乎？孫承澤著考正晚年定論，謂朱子四十五以後，實無一言合於陸氏，亦無一字涉於自悔。李紱穆堂又著朱子晚年全論，謂盡錄朱子五十一歲至七十一歲論學之語見於文集者一字不遺，共得三百七十餘篇，其言無不合於陸子。同時王白田輯朱子切要語，陳蘭甫譏之，謂其書專為排陸王而作。而夏炘心伯論穆堂晚年全論不過為學蔀通辨報仇。此等誠是學術界一大可駭怪之事。治陸王學者以陸王為中心，而治朱學者則以反陸王為中心。孟子有言，能言距楊墨者聖人之徒，一若朱子之得列為聖學，亦只為其能與象山持異。竊謂朱學之晦而不彰，有四大害。其一害於科舉之陋儒，志在名位，不在學術。其二被禍於清帝王之表揚，與夫承望恩澤之一輩偽學者之希旨而邀寵。然此二者，尚皆在學術之外。其三更甚者，則為治朱學而專務於爭門戶，一若只於陸王之反面求之，即為朱子精旨所在，此則尤為治朱學之絕大障蔽。

而又有第四害，自有朱子，理學大盛，道家固已不振，而釋氏禪宗亦如強弩之末，更不能與理學相爭衡。於是諍朱反朱者，乃亦只限於儒者與理學之一大傳統之內，更無超出於此以起與朱子持異者，此尤為朱子學不能大發明大振起之一大障蔽。今則西學東傳，國內學術思想界又引起一激動，或者朱子學轉有復興重光之機，此則為本書著者所深望。

黃梨洲為明儒學案，其書闡揚王學，頗見精采。晚年有意為宋元學案，既非夙所究心，殊難勝任愉快。其子百家主一承其家學，以王學餘緒衡量兩宋，宜於不得要領。全祖望謝山本於理學寖饋不深，又濡染於李穆堂之偏見，其修補黃氏父子之宋元學案，所費工力甚為深博，然於平章學術，考鏡得失，則多有偏阿。於陸學則每致迴護，涉及朱學，則必加糾彈。其語散見，不易覺察。治理學者每先窺此書，憑之入門，而不知其已引導入於歧途。非惟不足升堂奧，亦將無以窺門牆。本學案多引朱子原書，頗少牽引他說。惟黃全學案乃學者所必治，雖不能一一加以駁正，然於緊要處亦偶有提及。讀者舉一反三，可知本書與黃全學案著眼不同，持論有別。然亦並不專在朱陸異同一問題上立意，則深望讀者之加察。

學案舊例，僅是散摘諸條，略加評案，易使讀者如看格言集，或讀相駁書，幾如理學家言非屬教訓，即係辨詰。學術氣味不免沖淡，思想條理更難體究。使人對理學諸家易生厭倦。在理學盛時，其病尚不易顯。今值理學已衰，學案舊體例急待改進。本書多分篇章，各成條貫，使人每讀一條，易於瞭解其在一家思想全體系中之地位與意義。分而讀之，固可各見其有然。合而思之，乃可盡見其所以然。自可知一家學術，必有其根柢所在，與其精神所寄。固不輕為教訓，亦非專務辨詰。因名本書為新學案，亦只指其體例言，非敢標新而立異，以期譁眾而取寵。學者其諒之。

學者初看理學家語錄，每易感其枯燥。學案中又加以摘錄，則枯燥之病益見。本書鈔撮朱子文集語類，每不厭其繁，又不厭其重複，有一義而輾轉引述至十數條數十條之多。並亦一仍原文，不輕刪削。期使讀者低徊循誦，反復思繹，得其浸灌膏澤之潤，達於歡暢洋溢之趣。抑且朱子書繁重難讀，嘗一臠知鼎味，此一臠則必求其味之腴者，乃可使人雖不見鼎而無憾。斯亦求讀者之諒察。

治一家之學，必當於其大傳統處求，又必當於其大背景中求。本書采錄朱子所言，止於組織條理，讀者自可因文見義，不煩多所闡申，此亦竊師朱子教人解經注書之遺意。惟作者私人仰止讚歎之情，則亦時有不能已於默者。嚶鳴之求，理宜有此，讀者當不以煖煖姝姝於一先生之言而加以菲薄。其他苟有所發揮，則胥於大傳統處，大背景中，稍作指點，使讀者於傳統中見朱子之創闢，於背景中見朱子之孤往。

知人論世，自古所貴。治朱子學，則必求明朱子其人及其時代。自昔有朱子年譜，始作者為其門人李方子果齋，然原本已不傳。此下有明儒李默古沖，清儒洪璟去蕪，遞有所作。其最後最著者，則為王白田本。其書經二十餘年四易稿而後定，較之李洪兩譜，所勝實多。然白田年譜用力雖勤，而識解容有未透，又不脫門戶之見，亦未能窺朱子學之深邃，其同時友好朱止泉曾貽書力辨，而白田未能接受。夏心伯著述朱質疑十六卷，於白田年譜頗多糾正。然王夏兩氏，姑不論其於朱子學術大體未能深窺，即就考訂事跡言，亦尚不免各有疏失。本書因治朱學者必讀王譜，故於其書亦多駁正，而兼及於夏氏書。此亦猶如駁正黃全學案，皆不得置而不談，非欲泛濫旁及。

本書初欲分為三編，一思想之部，一學術之部，又一則為經濟之部。凡朱子仕宦所及之政績，及其對當時之政論政見皆屬之。今成思想學術兩編，篇幅已多，其第三編，自問無以遠出乎王氏年譜夏氏質疑之上。此兩家書縱有疏失，亦易考見，故不復作。而於朱子對當時之政論政見，則散附其一二於史學篇，雖不能詳，要亦可見其大體。

本書既成，為其卷帙之已多，又為提綱一篇冠諸首。學案求詳，重在記敘。提綱求簡，稍加發揮。庶使讀者易入。然真能發揮朱子學之本意者，宜莫如朱子本人。他人所發揮，或反易失朱子之本意。讀者儻由提綱進讀學案，更由學案進讀朱子之原書，於朱子學術思想自多啟悟。斯而後，可以各自有所發揮，此在古人，謂之自得之學，必如是始為可貴。否則只讀學案，學案既力求詳盡，雖不覩朱學之全貌，亦可窺朱學之概略。於此而求自得，亦不中不遠。提綱僅為入門，若徒誦提綱，即謂已知朱子，而遽欲自有所發揮與評騭，此乃朱子平日教人最所力戒之事。是則余之為此提綱，正恐將因之得罪於朱子。惟若讀提綱者，由是而知朱子思想之邃密，與夫其學術體系之博大，而因以知於曠代大儒，不當輕施己見，即屬讚揚，已屬逾分，妄作彈斥，決難確當。是則雖不治朱子之書，不修朱子之業，讀此提綱，亦足為博學知服之一助。

學案與提綱，皆於朱子之學術思想分途敘述。其思想方面，雖片言隻辭，皆出朱子所躬行實踐，親體默證。讀者當反求諸己，心領神會，得一善而拳拳服膺，可以終身享受。此乃理學之所以為可貴處。至於學術方面，則不論經學史學文學及其他諸端，在朱子亦自有此成就而止，學者當不以其所成就而自限。只求得此榘範，明此途轍，鳶之飛，魚之躍。海闊天空，將一任學者之自極其所至。朱子精神充滿，氣魄宏大，故能立大規模而兼斯兩者。尊德性而道問學，致廣大而盡精微，極高明而道中庸，四通六闢，成此一家。學者則貴各就才性所近，各自求有成立。若徒務博涉，不知反己，此恐不為能善學朱子，並亦將為朱子所不許。

先秦諸子繫年

錢穆　著

先秦諸子年世問題實多，前人多據《史記・六國年表》加以考訂。然〈六國年表〉僅據秦史，本身即多闕漏。先生乃通過考證汲冢《竹書紀年》，改正《史記》之牴牾。其取材之廣博，考證之綿密，對史料爬梳抉剔、條分縷析之治學精神，俱值得當代治中國學術思想者反覆細品。

孔子傳

錢穆　著

司馬遷《史記・孔子世家》迄今已歷兩千餘年。討論孔子生平言論行事者，實繁有徒。本書提要鉤玄，折衷群言，而以《論語》為中心之大本。其間取捨從違，實不專為討論孔子之一生，乃為研究中國五千年文化傳統必讀之經典。

論語新解

錢穆　著

《論語》為歷代學者必讀之作，諸儒為之注釋不絕，習《論語》者亦必兼讀其注，然而學者往往囿於門戶之見而刻意立異。賓四先生因此為之新解。「新解」之新，乃方法、觀念、語言之新，非欲破棄舊注以為新。一則備采眾說，折衷求是；二則兼顧文言剖析之平易，與白話語譯之通暢。讀者藉由本書之助，庶幾能得《論語》之真義。

莊子纂箋

錢穆　著

《莊子》一書為中國古籍中一部人人必讀之書，但義理、辭章、考據三方面，皆須學有根柢，乃能通讀此書。本書則除郭象注外，詳採中國古今各家注，共得百種上下，斟酌選擇調和決奪，得一妥適之正解。全部《莊子》一字一句，無不操心，並可融通，實為莊子一家思想之正確解釋，宜為從古注書之上品。讀者須逐字逐句細讀之始得。

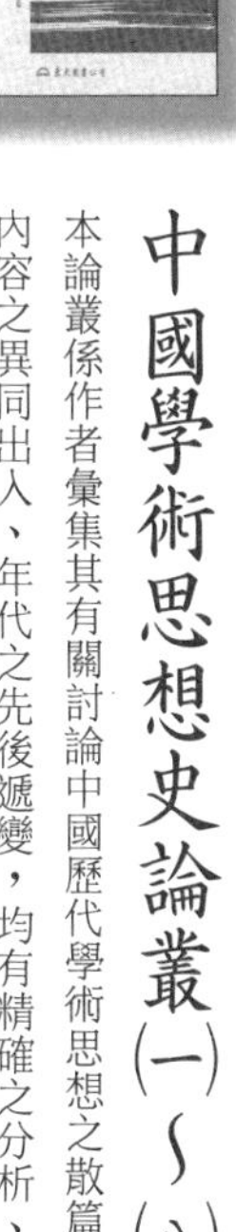

中國學術思想史論叢(一)～(八)

錢穆　著

本論叢係作者彙集其有關討論中國歷代學術思想之散篇論文，而未收入各專書之內者。於各家思想內容之異同出入、年代之先後遞變，均有精確之分析、詳密之考訂，誠為治學術思想者所不可不讀之書。

現代中國學術論衡

錢穆　著

本書就近現代國人所承認之學術新門類及其新觀念，還諸舊傳統，指出其本屬相通及互有得失處。讀此書者，一則可以明瞭中西雙方學術思想史之本有異同處，再則可以由學術舊傳統，迎合時代新潮流，而創開一新學術之門戶。

國家圖書館出版品預行編目資料

朱子學提綱／錢穆著.－－初版一刷.－－臺北市：三民，2022
面；　公分.－－（錢穆作品精萃）

ISBN 978-957-14-7336-9（精裝）
1. (宋)朱熹 2. 學術思想 3. 朱子學 4. 理學

125.5　　110018294

朱子學提綱

作　者｜錢　穆
發行人｜劉振強
出版者｜三民書局股份有限公司
地　址｜臺北市復興北路 386 號 (復北門市)
臺北市重慶南路一段 61 號 (重南門市)
電　話｜(02)25006600
網　址｜三民網路書店 https://www.sanmin.com.tw

出版日期｜初版一刷 2022 年 1 月
書籍編號｜S030151
I S B N｜978-957-14-7336-9

三民書局